Hui Wang

AF828448

Subjektivität und Objektivität in der Rechtsanwendung

PL ACADEMIC RESEARCH

Bibliografische Information der Deutschen Nationalbibliothek
Die Deutsche Nationalbibliothek verzeichnet diese Publikation in der Deutschen Nationalbibliografie; detaillierte bibliografische Daten sind im Internet über http://dnb.d-nb.de abrufbar.

Zugl.: Kiel, Univ., Diss., 2012

D 8
ISSN 0531-7312
ISBN 978-3-631-64006-7

© Peter Lang GmbH
Internationaler Verlag der Wissenschaften
Frankfurt am Main 2013
Alle Rechte vorbehalten.
PL Academic Research ist ein Imprint der Peter Lang GmbH

Das Werk einschließlich aller seiner Teile ist urheberrechtlich geschützt.
Jede Verwertung außerhalb der engen Grenzen des Urheberrechtsgesetzes ist ohne Zustimmung des Verlages unzulässig und strafbar.
Das gilt insbesondere für Vervielfältigungen, Übersetzungen, Mikroverfilmungen und die Einspeicherung und Verarbeitung in elektronischen Systemen.

www.peterlang.de

Subjektivität und Objektivität in der Rechtsanwendung

Europäische Hochschulschriften

European University Studies

Publications Universitaires Européennes

Reihe II Rechtswissenschaft

Series II Law

Série II Droit

Band/Volume **5413**

Meinen Eltern

王庆秋　梁秀琴

Vorwort

Diese Arbeit wurde im Wintersemester 2012/13 von der Rechtswissenschaftlichen Fakultät der Christian-Albrechts-Universität zu Kiel als Dissertation angenommen. Sie war im wesentlichen im November 2011 abgeschlossen. Später erschienene Literatur konnte nur im Einzelfall berücksichtigt werden.

Mein herzlicher Dank gilt meinem Doktorvater, Herrn Prof. Dr. Dr. h. c. mult. Robert Alexy, der diese Arbeit sorgfältig betreut sowie das Erstgutachten angefertigt hat. Ohne ihn wäre diese Arbeit nie erschienen. Herrn Prof. Dr. Rudolf Meyer-Pritzl danke ich für die rasche Erstellung des Zeitgutachtens. Allen am Lehrstuhl, besonders Dr. Yan Zhang, Prof. Dr. Stanley L. Paulson und Bonnie L. Paulson, Dr. Carsten Bäcker und Frau Andrea Neisius, danke ich für die angenehme Atmosphäre.

Meinem Ehemann Jiming Chen danke ich für sein Verständnis und seine ständige Ermutigung. Zuletzt möchte ich meinen Eltern danken, ohne die diese Arbeit nichts geschrieben worden wäre. Ihnen seien diese Arbeit deshalb gewidmet.

Kiel, im Oktober 2012

Hui Wang

Inhaltsverzeichnis

Einleitung

1 Das Problem der Subjektivität und Objektivität

Die Frage nach der Objektivität des Rechts ist eines der großen Themen der Rechtsphilosophie. Nichtpositivisten wie Positivisten stimmen darin überein, dass die Rechtsanwendung die Objektivität rechtlicher Urteile zum Ziel hat, obwohl der Begriff der Objektivität nicht einheitlich verstanden wird.[1] Gegenstand der Rechtsanwendung sind Rechtsnormen, wobei Rechtsnormen gleichzeitig den Vorgang der Rechtsanwendung regeln. Als objektive Normen sind Rechtsnormen objektive Gründe für eine Person, eine bestimmte Handlung auszuführen. Die Objektivität ist ein Element des Rechts. Unter dieser Voraussetzung bearbeitet die traditionelle juristische Forschung das Problem, wie eine objektive Rechtsanwendung verwirklicht werden kann. Einige Rechtspositivisten beispielsweise halten die Moral im Recht für ein Hindernis der Objektivität. Erst durch die Trennung des Rechts von der Moral könne das subjektive moralische Element entfernt und die Objektivität des Rechts realisiert werden. Fraglich ist aber, ob die Rechtsanwendung nur objektiv ist.

Die traditionellen Untersuchungen über die Objektivität ignorieren jedoch zwei Probleme. Vor allem wird die „seiende Objektivität“ mit der „sollenden Objektivität“ vermischt. Wenn Juristen die Objektivität erläutern, gibt es oft keine klare Unterscheidung zwischen diesen beiden Ebenen der Objektivität. Sie werden in aller Regel synonym verwendet. Diese Begriffsverwirrung führt zur Unvollständigkeit der Untersuchungen über die Rechtsanwendung. Man kann sagen, dass das Sein und das Sollen in fast allen juristischen theoretischen Diskussionen über die Objektivität nicht deutlich getrennt werden. Dabei sind die „seiende Objektivität“ und die „sollende

[1] Die Veröffentlichungen zum Thema der Objektivität sind zahllos; siehe wie etwa *Greenawalt*, Law and Objectivity; *Leiter*, Objectivity in Law and Morals; *Moore*, Objectivity in Ethics and Law; *Putnam*, Ethics without Ontology; *Davidson*, Problems of Rationality; *Dworkin*, Objectivity and Truth: You´d Better Believe it!

Objektivität“ offensichtlich unterschiedlich: erstere ist **deskriptiv**, letztere ist **normativ**. Die Disparität zwischen ihnen impliziert, dass die Subjektivität in der rechtlichen Praxis eine Rolle spielt. Das Nebeneinander von Objektivität und Subjektivität im Recht stellt das zweite Problem dar. Bislang sind die Untersuchungen über die Objektivität in der Rechtsanwendung entweder idealisiert, wie die reine Rechtslehre Kelsens, oder monologisch, wie der Richter Herkules bei Dworkin [2], oder empirisch-soziologisch, wie die Rechtstheorie Harts. All diese Untersuchungen können die Rechtsanwendung nicht vollständig profilieren. Nach Auffassung der Verfasserin muss die Analyse der Rechtsanwendung die soziale Faktizität zum Ausgangspunkt nehmen. Dabei ist die Anerkennung der Existenz der Subjektivität unerlässlich. Die Untersuchung der Subjektivität in der Rechtsanwendung ist die erste Aufgabe dieser Arbeit.

Gegenstand der vorliegenden Arbeit ist die Analyse der subjektiven und objektiven Elemente in der Rechtspraxis. Es ist zwischen einer Rechtsanwendung im weiteren und im engeren Sinne zu differenzieren. Unter der Rechtsanwendung im weiteren Sinne versteht man nicht nur die gesetzgeberische Aktivität und gerichtliche Praxis. Der Begriff schließt vielmehr auch die Frage nach der Erwartung der Durchschnittsperson an das Recht sowie deren Verständnis und Anwendung des Rechts im Alltag ein. Diesbezüglich handelt es sich um einen umfassenden Begriff. Daneben beschreibt die Rechtsanwendung im engen Sinne nur die Rechtsanwendungspraxis, die in den nun folgenden Ausführungen im Vordergrund stehen soll. Wenn im Folgenden von der Rechtsanwendung gesprochen wird, soll damit die Praxis der Anwendung des Rechts gemeint sein. Gegenüber der Rechtsetzung ist die Erforschung der Subjektivität innerhalb der Rechtsanwendung von größerer Bedeutung. Die Rechtsetzung ist ein rechtlich ausgestaltetes Verfahren, welches durch gesetzgebende Instanzen durchgeführt wird. Sie spiegelt den demokratischen Willen des Volkes wieder und drückt sich

---

[2] *Habermas*, Faktizität und Geltung, S. 272 f. Dworkin hat eingewandt, dass das Gedankenmodell des Herkules nicht ausschließt, dass ein Richter sich in der Rechtspraxis umfassend informiert und auch den Gedankenaustausch mit anderen kompetenten Personen sucht (*Dworkin*, Moral und Recht und die Probleme von Gleichheit und Freiheit, S. 162, 166). Der fiktive superpersonale Richter Herkules kann auch als eine Art der Idealisierung angesehen werden (siehe, *Dworkin*, Taking Rights Seriously, S. 105 ff.).

schließlich in Gestalt des Gesetzes aus. Unter diesem prozeduralen Aspekt ist die Rechtsetzung objektiv. Bei der Rechtsanwendung hingegen spielen neben den auf diese Weise erzeugten Rechtsnormen die Individuen eine bedeutende Rolle. Wenn Richter oder andere Beteiligte eine Rechtsnorm anwenden, werden die rechtlichen Urteile von deren Rolle als reale Akteure beeinflusst. Dies verschafft der Subjektivität ihren Raum.

Aus theoretischer Perspektive ergibt sich die Subjektivität aus der Doppelnatur der Menschen als Rechtsanwender. Die Rechtsanwender als Einheit von idealer und realer Persönlichkeit bringen ein empirisches subjektives Element mit sich und bilden somit den Ursprung der Subjektivität im Recht. Aus praxisorientierter Perspektive bietet der rechtliche Freiraum die Möglichkeit, die Rechtsnorm subjektiv anzuwenden.

2 Die Transformation vom Sein zum Sollen

Die zweite Aufgabe der Arbeit geht der Frage, ob und wie von der empirischen subjektiven Handlung zu einem normativen objektiven rechtlichen Ergebnis gelangt werden kann. Seit Kant, und auch später bei den Neukantianern und sogar bei Kelsen, ist der Ausgangspunkt der Transformation von der Subjektivität zur Objektivität oder vom Sein zum Sollen die reine Vernunft. Kelsen beispielsweise schlägt die Grundnorm vor. Das Recht gehört ihm zufolge in den Bereich des Sollens, in dem es nur eine der reinen theoretischen Vernunft entsprechende reine Objektivität gibt, während er an der Existenz praktischer Vernunft zweifelt. Der Übergang vom Recht zur Verwirklichung des Rechts ist daher nur eine Umsetzung des Sollens in das Sollen, des Ideals in das Ideal. Dies ist aber eine Tautologie. Wenn aber die Subjektivität im Rechtssystem unvermeidbar ist, wird die Transformation von der Subjektivität zur Objektivität eine Aufgabe der juristischen Praxis. Die juristische Argumentationstheorie geht dagegen von praktischer Vernunft aus, um diese Aufgabe zu erfüllen. Diese

Untersuchung will einen Beitrag zur Theorie der Rechtsanwendung auf dem Wege der Diskurstheorie des Rechts leisten.

Mit der Darstellung der Subjektivität und ihrer Transformation zur Objektivität in der Rechtsanwendung werden damit die These der Doppelnatur des Rechts von Alexy und ihr nichtpositivistischer Standpunkt verteidigt - dies ist die dritte Aufgabe der Arbeit.

3 Der Gedankengang

Die vorliegende Arbeit hat zum Ziel, die der Rechtsanwendung inhärente Subjektivität aufzuzeigen, und die Transformation von der Subjektivität zur Objektivität zu analysieren. Inhaltlicher und methodischer Ausgangspunkt ist die Theorie des praktischen Diskurses Alexys. Durch die praktische Vernunft werden Subjektivität und Objektivität, Sein und Sollen verbunden. Im ersten Teil geht es zunächst um die rechtliche und philosophische Grundlage der Subjektivität, mit der die Sonderfallthese der Rechtsanwendung gegen die Kohärenzthese der Rechtsanwendung verteidigt werden soll. Nach dem Prinzip der individuellen Freiheit im modernen Rechtsstaat haben die Bürger private Autonomie. Sie ist ein rechtlich umschriebener Freiraum, in dem ein subjektives Urteil möglich und erlaubt ist. Die Rechtsanwender sind nicht nur rational, sondern haben darüber hinaus eine Doppelnatur. Sie besitzen zugleich eine ideale und eine reale Persönlichkeit. Die Handlungssubjekte sind reale Menschen und damit ist eine subjektive Rechtsanwendung unvermeidlich. Weiterhin wird im ersten Teil auf die Kontroverse über das Verhältnis zwischen der Normbegründung und der Normenanwendung eingegangen. Aufgrund der vorliegenden Subjektivität stellt sich die Frage nach der Identität von Normbegründung und Normenanwendung als besonders problematisch dar. Durch den Vergleich der diskursiven Theorien Günthers und Alexys wird die Nichttrennbarkeit der Normbegründung und Normenanwendung mithilfe des Themas der Subjektivität verteidigt.

Gegenstand des zweiten Teils ist die traditionelle positivistische Untersuchung der Rechtsanwendung. Kelsens reine Rechtslehre ist auf die Reinheit des Rechts fokussiert. Im Bereich der reinen Vernunft besitzt die Rechtsanwendung keine Subjektivität. Die Rechtsanwendung ist nach Hart eine Anwendung von Regeln. Von seinem rechtspositivistischen Standpunkt aus verteidigt er die Trennungsthese von Recht und Moral. Wegen der Unsicherheit und möglichen Subjektivität strebt der Rechtspositivismus danach, die Moral aus dem Recht herauszuhalten. Sein Ziel ist es, Rechtsanwendung als Anwendung des *Rechts* ohne Subjektivität zu realisieren.

Im dritten Teil der Arbeit wird der Frage nachgegangen, ob das Problem der Subjektivität in nichtpositivistischen Untersuchungen ebenfalls vernachlässigt wird. Gegenüber dem Positivismus verteidigt der Nichtpositivismus die notwendige Verbindung zwischen Recht und Moral. Die Rechtsanwendung ist eine Anwendung von Regeln und Prinzipien. Die Moral ist durch Prinzipien mit dem Recht verbunden. Dworkin behandelt das Problem der Subjektivität in seiner Theorie der konstruktiven Interpretation, wobei Herkules die superpersonale Fiktion der Rechtsanwender ist. Alexy hingegen ist anderer Auffassung: Seine These des Anspruchs auf Richtigkeit stellt mittelbar die Subjektivität in der Rechtsanwendung dar. Durch seine Unterscheidung zwischen dem idealen und realen Diskurs verzichtet er auf das Streben nach reiner Objektivität oder Wahrheit im Recht.

Im vierten Teil werden die Struktur und das Modell der Rechtsanwendung analysiert. Die Subjektivität ist wegen der Doppelnatur des Menschen, der natürlichen Handlungssubjekte, für die Rechtsanwendung elementar. Nur ein die Subjektebene einschließendes komplexes Modell der Rechtsanwendung ist vollständig.

Im fünften Teil geht es darum, wie im juristischen Diskurs die Subjektivität zur Objektivität transformatiert wird. Im juristischen Diskurs wird das menschliche Verhalten zunächst von Diskursregeln und Gesetzen begrenzt. Diese Transformation besteht aus drei Konstruktionselementen: Motivationen der Teilnahme an der Rechtsanwendung, notwendiges Erheben des Anspruchs auf Richtigkeit und die inhaltliche

Richtigkeit. Durch die Untersuchung dieser Konstruktionselemente soll in dieser Arbeit der Vorgang der Transformation dargestellt werden.

Teil 1: Rechtsanwendung als Diskurs

1 Rechtsanwendung in einem demokratischen Verfassungsstaat

1.1 Private und öffentliche Autonomie als Basis des demokratischen Verfassungsstaates

Der moderne Rechtsstaat stützt sich, worauf vor allem Habermas hingewiesen hat, auf zwei fundamentale Prinzipien, das Prinzip der individuellen Freiheit und das der Volkssouveränität. Zwischen diesen beiden Prinzipien besteht ein Spannungsverhältnis. Rousseau und Kant haben versucht, in einer normativen Ausgestaltung des Modus der Ausübung politischer Autonomie, durch die Form allgemeiner Gesetze, einen internen Zusammenhang zwischen Menschenrechten und Volkssouveränität herzustellen.[3] Das führte zu vielfältiger Kritik. Die Diskurstheorie verneint nicht die Richtung dieser Bemühungen, bemängelt aber, dass sie für das aufklärerische Projekt nicht ausreichen. Der enge Zusammenhang von Menschenrechten und Volkssouveränität wird „erst durch die Kommunikationsform diskursiver Meinungs- und Willensbildung gesichert“[4]. Der diskursive Problemlösungsansatz knüpft dabei an zwei Autonomiedimensionen an, die private und die öffentliche Autonomie. Die Einräumung eines notwendigen Platzes für die beiden Autonomieformen führt zur Legimitierung der Rechtsordnung.

Private Autonomie wird von der Diskurstheorie als Handlungsspielraum für die Verfolgung der persönlichen Lebenspläne von Bürgern und Bürgerinnen, also von Privatleuten, definiert.[5] Sie ist eine rechtlich gesicherte Freiheit der Selbstbestimmung jedes Einzelnen. Im Gegensatz dazu ist die öffentliche Autonomie die Freiheit der Staatsbürger, die zur gemeinsamen Gestaltung des öffentlichen Zusammenlebens

---

[3] *Habermas*, Faktizität und Geltung, S. 133 f.
[4] *Habermas*, Faktizität und Geltung, S. 133.
[5] *Habermas*, Zur Legitimation durch Menschenrechte, S. 173.

rechtlich gesichert wird. Auf der einen Seite stehen die beiden Formen der Autonomie in einem Verhältnis wechselseitiger Voraussetzung. Sie sind untrennbar miteinander verbunden. Während die private Autonomie in Prozessen der öffentlichen Autonomie gesetzt wird, wird die öffentliche Autonomie von den Staatsbürgern als den Trägen privater Autonomie geschaffen. Die private Autonomie wird im gesellschaftlichen Zusammenleben nicht allein definiert. „Mithin gäbe es ohne Grundrechte, die die private Autonomie der Bürger sichern, auch kein Medium für die rechtliche Institutionalisierung jener Bedingungen, unter denen die Bürger in ihrer Rolle als Staatsbürger von ihrer öffentlichen Autonomie Gebrauch machen könnten.“[6] Mit der öffentlichen Autonomie wird gewährleistet, dass die private Autonomie nicht zum Anarchismus wird. Mit der privaten Autonomie wird gesichert, dass die öffentliche Autonomie nicht zu Despotie entartet. Die private Selbstbestimmung und die öffentliche Selbstgesetzgebung sind voneinander abhängig. Es gibt ohne diese zwei Pole keinen demokratischen Verfassungsstaat.

Auf der anderen Seite steht die eine Formale Autonomie der anderen entgegen. Die Autonomie des Menschen bedeutet im Zusammenleben mit anderen sowohl Freiheit als auch Verantwortung. Im öffentlichen Raum hat die Verantwortung mehr Gewicht. Neben der Freiheit wird die Macht ausgeübt. Die öffentliche Autonomie ist eine Befugnis, welche man einander gewährt und die durch die Rechte der anderen begrenzt ist. Die Bürger als Gesetzgeber setzen objektives Rechts mit dem Ziel, die individuelle Freiheit zu schützen. Die öffentliche Autonomie impliziert, dass die Konsense durch den idealen und realen Diskurs erreicht werden. Als Grundlage des Rechts setzt jeder Konsens die Prinzipien der Freiheit und Demokratie voraus und bildet den Willen des Gesetzgebers. Nur wenn die öffentliche Autonomie vorausgesetzt ist, werden die Freiheit jedes Einzelnen und die Demokratie gesichert. Eine Bedingung der Rechtsanwendung ist daher, das Recht richtig zu verstehen und dann anzuwenden. Aus diesem Grund strebt die öffentliche Autonomie notwendigerweise

---

6 *Habermas*, Über den internen Zusammenhang von Rechtsstaat und Demokratie, S. 301.

nach Objektivität, und jeder öffentliche Repräsentant erhebt notwendigerweise einen Richtigkeitsanspruch.

Im Gegensatz dazu steht bei der privaten Autonomie die Freiheit im Vordergrund. Sie ist ein rechtlich umschriebener Freiraum. In Anlehnung an Hobbes spricht Habermas davon, „daß alles erlaubt ist, was nicht explizit verboten ist".[7] Das heißt, dass in diesem Freiraum ein subjektives Urteil erlaubt ist. In dem rechtlichen Freiraum spielt die Subjektivität eine zentrale Rolle. Der Einzelne kann sich freilich dazu entscheiden, entweder nach Nutzenmaximierung oder nach Erfüllung der moralischen Pflicht zu streben. Mit anderen Worten: Nicht aus einer rechtlichen Pflicht, sondern nur aus einem Recht oder einer moralischen Pflicht folgt die Entscheidung. In Bezug auf die private Autonomie ist die subjektive Anwendung der Rechtsnormen legitim und begründbar. Aber ein privater Freiraum kann nicht mit der Subjektivität gleichgesetzt werden. Die Erlaubnis der Existenz der Subjektivität bedeutet nicht die Abwesenheit der Objektivität, weil die Menschen, die die Entscheidungen treffen, eine duale Natur haben.

1.2 Die duale Natur des Menschen

1.2.1 Ideale und reale Subjekte

Der Mensch hat eine duale Natur. Kant charakterisiert den Menschen in ethischer Perspektive als Vernunftwesen und Sinnenwesen. Als Vernunftwesen (*homo noumenon*) ist der Mensch einer intelligiblen Welt zugehörig, in der er die Fähigkeit hat, zu denken und Ideen zu bilden.[8] Er unterliegt nur seiner eigenen unbeschränkten Vernunft und kann mit seinem Willen selbst Herrscher sein. Das Vernunftwesen habe als solches keine Sinnlichkeit und lasse sich nur in moralisch-praktischen Verhältnis-

---

[7] *Habermas*, Zur Legitimation durch Menschenrechte, S. 171.
[8] *Kant*, Grundlegung zur Metaphysik der Sitten, **A 110/B 110.**

sen erkennen.[9] Der Mensch in dieser Dimension betrachtet sich als eine intelligible Person, eine reine Vernunftperson. Er sei hier eine „bessere Person", die von „bestimmenden Ursachen der Sinnenwelt"[10] befreit ist. Dem steht das Sinnenwesen gegenüber. Der Mensch in dieser Dimension ist ein körperliches, instinktgeleitetes Wesen und er ist „zu einer der Thierarten gehörig".[11] Er untersteht den animalischen Lebensbedingungen und ist den Naturgesetzen unterworfen. Außer von dem Menschen als Vernunftwesen und Sinnenwesen spricht Kant auch von einem „vernünftigen Wesen" oder „vernünftigen Naturwesen" (*homo phaenomenon*)[12]. Kant verwendet den Begriff des *homo phaenomenon* unscharf. *Homo phaenomenon* steht manchmal für das nur animalische Sinnenwesen und manchmal für das empirische, aber bereits normativ beanspruchte Handlungssubjekt. In *Die Metaphysik der Sitten* betrachtet er ihn „als **animalisches** (physisches) und zugleich moralisches ... Wesen".[13] Demnach besteht der Mensch als Sinnenwesen aus zwei Ebenen. Eine ist das Sinnenwesen, als der Mensch, der zu einer der „Thierarten" gehörig ist. Die andere ist das empirische vernünftige Naturwesen, das „durch seine Vernunft, als **Ursache**, bestimmbar zu Handlungen in der Sinnenwelt"[14] ist. Der Mensch als vernünftiges Naturwesen hat ein Potential, sich als reines Vernunftwesen zu verwirklichen. Die drei Modalitäten des Menschen Kants sind der Mensch: a) als Vernunftwesen (*homo noumenon*); b) „als *Sinnenwesen*, d. i. als Mensch (zu einer der Thierarten gehörig)"; c) als vernünftiges Naturwesen (*homo phaenomenon*). Das erste ist das freie intelligible Moralsubjekt und die letzten beiden sind amimalische und rationale empirische Personen.

Entsprechend der Doppelexistenz des Menschen in Sinnenwelt und intelligibler Welt können zwei Dimensionen mit drei Ebenen der Subjekte der Rechtsanwendung unterschieden werden.[15] In der idealen oder kritischen Dimension stehen die idealen Subjekte. Als Vernunftwesen sind sie vernünftig, moralisch und daher ideal. Sie stre-

---

[9] *Kant*, Metaphysische Anfangsgründe der Tugendlehre, A 65.
[10] Beide Ausführungen aus: *Kant*, Grundlegung zur Metaphysik der Sitten, A 113/B 113.
[11] *Kant*, Metaphysische Anfangsgründe der Tugendlehre, A 65.
[12] Vgl. etwa *Kant*, Metaphysische Anfangsgründe der Tugendlehre, A 65.
[13] *Kant*, Metaphysische Anfangsgründe der Tugendlehre, A 67.
[14] *Kant*, Metaphysische Anfangsgründe der Tugendlehre, A 65.
[15] Siehe Anhang.

ben nach moralischer Richtigkeit und Objektivität. Die idealen Subjekte wollen und können das Recht objektiv anwenden. Die zweite Dimension ist die reale oder faktische Dimension. Die realen Subjekte der Rechtsanwendung sind Sinnenwesen und in diesem Sinne wirkliche Personen. Dabei können weiter die vernunftstrebende und die glückstrebende Ebene unterschieden werden. Die rationalen vernunftstrebenden Subjekte streben nach der Objektivität der Rechtsanwendung. Sie erheben einen Anspruch auf Richtigkeit. Aber das Glücksverlangen des empirischen Menschen ist zugleich unvermeidlich. Außer der Vernunft gibt es noch die Neigung als die sinnliche Veranlagung der Menschen. Es gibt neben den moralisch oder institutionell vernunftstrebenden Subjekten noch die anderen realen Subjekte der Rechtsanwendung, den *homo oeconomicus*. Sie zielen auf die Nutzenmaximierung, und das Erheben des Richtigkeitsanspruchs ist für sie subjektiv nicht notwendig. Es ist eine Frage subjektiver Wahl. Im privaten Bereich haben sie ohnehin das Recht, subjektiv zu handeln. Letztendlich ist der zu einer der „Thierarten" gehörige Mensch wegen der Abwesenheit der Rationalität nicht Gegenstand der Rechtswissenschaft.

Aufgrund der dualistischen Natur des Menschen sind die Subjekte der Rechtsanwendung gleichzeitig ideal und real, vernünftig und sinnlich, moralisch und glückstrebend. Obwohl die Gesetzgebung ein Handeln im öffentlichen Raum ist und die Rechtsnormen objektiv sind, hängt die Anwendung der Normen von ihren Subjekten ab. Aus ökonomischer Rationalität oder moralischer Pflicht können die realen Subjekte die Rechtsnormen subjektiv oder objektiv anwenden.

1.2.2 Rationalität und Moralität

Vernunft und Rationalität sollen in der Lage sein, das menschliche Handeln zu leiten. Ein Mensch handelt moralisch oder rational, um das, was er für erstrebenswert hält, durch seine Handlung zu realisieren. Für Kant ist der entscheidende Aspekt der

Vernunft ihre moralische Eigenschaft.[16] Die Vernunft ist wertorientiert, wenn sie sich darauf bezieht, was richtig oder gut ist. Sie enthält dann das Element der Moralität und kann als „praktische Rationalität" bezeichnet werden.[17] Demgegenüber ist bloße Rationalität zweckorientiert. Sie hat keine moralischen Eigenschaften. Während die Vernunft sich mit dem Guten verbindet, bezieht die bloße Rationalität sich auf logische Richtigkeit, Effizienz und empirische Wahrheit. Das Kriterium der Rationalität ist damit eine Unterklasse des Kriteriums der Vernunft.[18]

Der Dualismus von Moralität und Sinnlichkeit führt dazu, dass einerseits die Subjekte der Rechtsanwendung mit ihrer moralisch-praktischen Vernunftnatur nach der Moralität streben, anderseits aber aus Gründen der ökonomischen Rationalität nach dem individuellen Ziel trachten. Diese Spannung verkörpert in der Diskurstheorie die Differenzierung zwischen kommunikativer und strategischer Rationalität. Habermas entwickelt den Rationalitätsbegriff in zwei Richtungen. Die erste ist die der kommunikativen Rationalität. Ein kommunikatives Handeln ist eine Interaktion, in der die Beteiligten nicht über egozentrische Erfolgskalküle, sondern über Akte der Verständigung koordiniert werden. Sie stimmen ihre Handlungspläne mittels sprachlicher Verständigungsprozesse einvernehmlich aufeinander ab, um das Ziel, das normative Einverständnis, zu erreichen.[19] Wenn ein Einverständnis erzielt wird, muss es sich auf gute Gründe stützen, und diese Gründe müssen auf der Ebene des Diskurses entfaltet werden. Als Handlungsrationalität impliziert kommunikative Rationalität notwendigerweise die Form der diskursiven prozeduralen Rationalität. „Dieser Begriff kommunikativer Rationalität führt Konnotationen mit sich, die letztlich zurückgehen auf die zentrale Erfahrung der zwanglos einigenden, konsensstiftenden Kraft argumentativer Rede, in der verschiedene Teilnehmer ihre zunächst nur subjektiven Auffassungen überwinden und sich dank der Gemeinsamkeit vernünftig motivierter Überlegungen gleichzeitig der Einheit der objektiven Welt und der Intersubjektivität

[16] *Rawls*, Political Liberalism, S. 48 ff.; *Alexy*, The Reasonableness of Law, S. 6.
[17] *Alexy*, The Reasonableness of Law, S. 7.
[18] *Alexy*, The Reasonableness of Law, S. 6.
[19] *Habermas*, Theorie des kommunikativen Handelns, Band I, S. 385.

ihres Lebenszusammenhangs vergewissern."[20] Die kommunikative Rationalität ist nicht substantiell, sondern diskursiv. Sie betrifft nur die Form der Argumentationsverfahren, welche die Geltungsansprüche der Wahrheit, Richtigkeit und Wahrhaftigkeit zum Gegenstand haben. Die Geltungsansprüche betreffen die transzendentale Annahme der kommunikativen Kompetenz.

Eine verständigungsorientierte kommunikative Rationalität verlangt, dass die Kommunikation nicht verzerrt, und die universell gültige Wahrheit als Konsens aus ihr erschlossen wird. Dabei wird angenommen, dass alle Sprecher eine gleiche universelle kommunikative Kompetenz oder transenzdentale Verständigungsfähigkeit besitzen, andernfalls ist die Universalpragmatik nicht normativ konstruierbar. Das kommunikative Handeln kann „allein unter dem moralisch-praktischen Aspekt der Zurechnungsfähigkeit des Handlungssubjekts und der Rechtfertigungsfähigkeit der Handlungsnorm"[21] rationalisiert werden. Die Zurechnungsfähigkeit als die Vernünftigkeit eines Subjektes repräsentiert „eine im Kern moralisch-praktische Kategorie".[22] Die kommunikative Rationalität wird essentiell als eine moralisch-praktische Rationalität verstanden. Die Prüfbarkeit der Geltungsansprüche von Behauptungen in idealer Weise basiert auf Voraussetzungen, die bei jedem Sprecher nicht nur transzendental vorhanden sein sollen, sondern bei den Sprechern auch in der Wirklichkeit in gleichem Maße vorhanden sein sollen. Dies akzentuiert die moralisch-praktische Dimension der kommunikativen Rationalität. Die Subjekte mit kommunikativer Rationalität sind damit die idealen moralischen Subjekte.

Die andere Dimension ist die der Rationalität der Mittelwahl bei gegebenen Zielen, also die strategische Rationalität.[23] „Das handelnde Subjekt greift mit der Absicht

---

[20] *Habermas*, Theorie des kommunikativen Handelns, Band I, S. 28.
[21] *Habermas*, Zur Rekonstruktion des historischen Materialismus, S. 33 f.
[22] *Habermas*, Theorie des kommunikativen Handelns, Band II, S. 117.
[23] Habermas kritisiert, dass Weber die handlungs- und rationalitätstheoretische Begriffsbildung zu eng fasst. Er stellt lediglich auf Zweckrationalität ab. Damit vermag er nicht den ganzen gesellschaftlichen Rationalisierungsprozess zu erfassen. Außer der Zweckrationalität gibt es noch Rationalität des kommunikativen Handelns. Die Auffassung hier ist, dass das strategische Handeln nicht mit der ökonomischen Rationalität oder der Zweckrationalität gleichgesetzt werden kann. Die Folge oder der Zweck des strategischen Handelns hat eine weitere Bedeutung als die eines rein ökonomischen Interesses. Vgl. *Habermas*, Theorie des kommunikativen Handelns, Band I, S. 365, 377 ff.

in die Welt ein, durch die Wahl und die Anwendung geeigneter Mittel einen intendierten Zustand herbeizuführen".[24] Bei dem auf Zweck-Mittel-Rationalität basierten strategischen Handeln haben die Akteure eine erfolgsorientierte Einstellung. Sie betrachten das strategische Handeln unter dem Aspekt der Befolgung von Regeln rationaler Wahl und bewerten den Wirkungsgrad der Einflussnahme auf die Entscheidungen eines rationalen Gegenspielers.[25] Strategisches Handeln ist erfolgsorientiert. Der Erfolg ist definiert als das Eintreten eines erwünschten Zustandes in der Welt, der in einer gegebenen Situation durch zielgerichtetes Tun oder Unterlassen kausal bewirkt werden kann.[26] Entsprechend Kants Klassifizierung der Menschen sind die realen strategisch Handelnden in zwei Klassen einzuteilen. Der Akteur als *Homo oeconomicus* handelt unter dem Gesichtspunkt der Nutzenmaximierung. Das eigene Interesse wird nach den Regeln der Zweck- oder ökonomischen Rationalität verfolgt und der eigene Nutzen erwartet. Wenn der reale Handelnde das vernunftstrebende Naturwesen ist, ist es sein Zweck, der Vernunft zu folgen. Das spiegelt sich in der Diskurstheorie in dem Streben nach universeller Verständigung wieder. Demgemäß wendet der vernunftstrebende Handelnde passende Mittel an, um das Ziel zu erreichen. Das reale Handeln lässt sich als die wechselseitige Beeinflussung von zweckorientierten Gegenspielern beschreiben. Es repräsentiert eine Subjekt-Objekt-Beziehungen innewohnende Rationalität. Mit dem vernünftigen Naturwesen wird es der Diskurstheorie möglich, eine Brücke zwischen erfolgsorientierter und verständigungsorientierter Rationalität zu bauen.

[24] *Habermas*, Aspekte der Handlungsrationalität, S. 441.
[25] *Habermas*, Theorie des kommunikativen Handelns, Band I, S. 385.
[26] *Habermas*, Theorie des kommunikativen Handelns, Band I, S. 385.

2 Normenbegründung und Normenanwendung

2.1 Begründung und Anwendung der Rechtsnorm

Der Begriff des Rechts ist das zentrale Thema der Rechtsphilosophie. In den letzten drei Jahrzehnten ist es zu neuen Kontroversen gekommen. Die Diskurstheorie des Rechts[27], ist einer der meistbeachteten Entwürfe in der aktuellen Debatte. Bei dieser Theorie stellt die Geltung der Rechtsnormen nicht das Ergebnis der Entscheidung, sondern das der zutreffenden Erkenntnis dar. Sie liefert ein modernes Begründungsmodell der Rechtsnormen. Bei der Diskurstheorie des Rechts geht es sowohl um die Gesetzgebung als auch um die Anwendung des Rechts, insbesondere in der richterlichen Entscheidungspraxis. Anders als die These der diskursiven Rechtsetzungsverfahren, die wenig strittig ist, ist der juristische Diskurs auf der Ebene der Anwendung höchst umstritten. Bei Habermas und Günther ist der juristische Diskurs ein Diskurs über die Angemessenheit. Sie wollen zwischen der Normenbegründung und der Normenanwendung strikt trennen.[28] Während es bei der Begründung von Normen allein um ihre abstrakte Gültigkeit geht, wird bei der Anwendung von Normen ihre Angemessenheit in einer konkreten Situation thematisiert. Nach Alexy hingegen ist der juristische Diskurs ein Sonderfall des allgemeinen praktischen Diskurses.[29] Bei der Begründung sollten die Normen hinreichend speziell formuliert werden, und die möglichen Normenkollisionen sind auch dort schon zu berücksichtigen.[30] Mit

---

[27] Zum aktuellen Stand der juristischen Diskurstheorie, vgl. insbesondere *Alexy*, Theorie der juristischen Argumentation; *ders.* Begriff und Geltung des Rechts; *ders.* Die Idee einer prozeduralen Theorie der juristischen Argumentation; *Apel,* Diskursethik vor der Problematik von Recht und Politik: Können die Rationalitätsdifferenzen zwischen Moralität, Recht und Politik selbst noch durch die Diskursethik normativ-rational gerechtfertigt werden?; *ders.* Auflösung der Diskursethik? Zur Architektonik der Diskursdifferenzierung in Habermas´ Faktizität und Geltung. Dritter, transzendentalpragmatisch orientierter Versuch, mit Habermas gegen Habermas zu denken; *Habermas*, Faktizität und Geltung; *ders.* Über den internen Zusammenhang von Rechtsstaat und Demokratie; *Günther*, Der Sinn für Angemessenheit; *ders.* Ein normativer Begriff der Kohärenz für eine Theorie der juristischen Argumentation.

[28] Vgl. etwa *Günther*, Der Sinn für Angemessenheit, S. 25, 75; *Habermas*, Erläuterungen zur Diskursethik, S. 138f.

[29] *Alexy*, Theorie der juristischen Argumentation, S. 263 ff.

[30] *Alexy*, Normenbegründung und Normenanwendung, S. 69.

dieser Überlegung versucht Alexy zu zeigen, dass die Begründung und die Anwendung von Normen untrennbar sind.

2.2 Trennbarkeit der Normenbegründung und Normenanwendung

Günther hat die These aufgestellt, dass ein fundamentaler Unterschied zwischen der Begründung und der Anwendung einer Norm bestehe.[31] Bei der Begründung einer Norm handele es sich nur um ihre Geltung, während bei ihrer Anwendung die Angemessenheit im Zentrum stehe. In der Ebene der Begründung liegen die universellen Normen, die lediglich einen prima facie-Charakter erhalten.[32] Ihre Geltung beziehe sich stets nur auf die allgemeine Zustimmung zu ihrer Anwendbarkeit unter gleichbleibenden Umständen.[33] Mit der universellen Reziprozität der Interessenberücksichtigung seien diese Normen verallgemeinerbar. Eine Norm werde begründet gültig sein, wenn freie und gleiche Diskursteilnehmer ihr zustimmen könnten.[34] In dem Begründungsdiskurs könnten die Normen „situationsunabhängig"[35] beurteilt werden, weil es unmöglich sei, jede mögliche Situation der Normenanwendung mit all ihren Merkmalen in einem realen Diskurs zu antizipieren. Hierfür führt Günther weiterhin an, dass das Wissen und die Zeit der Diskursteilnehmer beschränkt seien, und dass sich die von der Normenanwendung betroffenen einzelnen Interessen ändern können.[36] Habermas stimmt der Güntherischen Auffassung zu: „Die prima facie gültigen Normen bleiben »ungesättigt« in Hinsicht auf den zusätzlichen Interpretationsbedarf, der aus den besonderen Konstellationen nicht vorhersehbarer Anwendungssi-

---

31 *Günther*, Der Sinn für Angemessenheit, S. 25 ff., 65; zustimmend *Habermas*, Erläuterungen zur Diskursethik, S. 38 ff.
32 *Günther*, Der Sinn für Angemessenheit, S. 78 ff.; *ders.*, Ein normativer Begriff der Kohärenz für eine Theorie der juristischen Argumentation, S. 172 ff.
33 *Günther*, Der Sinn für Angemessenheit, S. 266
34 *Günther*, Der Sinn für Angemessenheit, S. 53 ff.; *ders.*, Ein normativer Begriff der Kohärenz für eine Theorie der juristischen Argumentation, S. 167 f.
35 *Günther*, Der Sinn für Angemessenheit, S. 257.
36 *Günther*, Der Sinn für Angemessenheit, S. 52.

tuationen entsteht."[37] Nach Habermas impliziert der Begriff der Normengeltung nicht ihre Anwendung.

Bei der Anwendung einer Norm geht es allein um ihre Angemessenheit. Die richterliche Entscheidungsbegründung versteht Günther als einen Anwendungsdiskurs, in dem alle konkreten Merkmale einer bestimmten Situation und alle anderen in Frage kommenden Normen berücksichtigt werden.[38] Es gibt in jeder Situation mehrere geltende Normen, aber nur eine angemessene Norm.[39]

Günther verdeutlicht den Vorgang der Normenanwendung am Beispiel einer Normenkollision.[40] Jemand, *a*, hat Smith versprochen, auf dessen Party zu gehen, inzwischen jedoch erfahren, dass sein Freund Jones schwer erkrankt ist und seine Hilfe braucht. Zwei Normen seien gegeben:

N_1: Es ist geboten, Versprechen zu halten

N_2: Es ist geboten, in Not geratenen Freunden zu helfen.

Die Normen N_1 und N_2 sind in einem Begründungsdiskurs als geltend gerechtfertigt. Die Anwendbarkeit von N_1 und N_2 in der Situation S führt zu einer Kollision. Die Lösung der Kollision zwischen N_1 und N_2 ist die Konstruktion einer Norm N_3, die die Bedingungen angibt, unter denen N_1 und N_2 anzuwenden sind. Eine Vorrangrelation zwischen N_1 und N_2 ist festzusetzen. Norm N_3 lautet:

N_3: Es ist geboten, Versprechen zu halten, es sei denn, dass ein in Not geratener Freund Hilfe braucht.

---

[37] *Habermas*, Erläuterungen zur Diskursethik, S. 139.
[38] *Günther*, Ein normativer Begriff der Kohärenz für eine Theorie der juristischen Argumentation, S. 175.
[39] *Günther*, Ein normativer Begriff der Kohärenz für eine Theorie der juristischen Argumentation, S. 173.
[40] *Günther*, Der Sinn für Angemessenheit, S. 288 ff.

Ein singuläres Urteil beruht auf einer angemessenen Anwendung der Norm.[41] In der Situation S mit bestimmten Merkmalen wird Norm N_1 zur Norm N_3 modifiziert. Die rekonstruierte Norm N_3 gehört noch zur Menge der gemeinsam als gültig akzeptierten Normen.[42] Sie wird nach Günther nicht in einem Begründungsdiskurs, sondern nur in einem Anwendungsdiskurs gerechtfertigt. Sie ermöglicht eine kohärente Interpretation der prima facie anwendbaren Rechtsnormen hinsichtlich einer vollständig beschriebenen Situation.[43] Mit Hilfe des Kohärenzkriteriums wird die gültige Norm in einer einzelnen Situation angemessen interpretiert, um eine richtige Entscheidung herbeizuführen.

2.3 Nichttrennbarkeit der Normenbegründung und Normenanwendung

Den Begriff der Begründung spezifiziert Alexy in zwei Dimensionen. In der semantisch-syntaktischen Dimension wird der Begriff der Begründung so verwendet, „dass eine Aussage *p* eine Aussage *q* genau dann begründet, wenn *q* entweder allein aus *p* oder aus *p* zusammen mit weiteren Prämissen logisch folgt“[44]. Daneben gibt es eine pragmatische Dimension. Der Begründungsbegriff in dieser Dimension bezieht sich auf die Argumentation „im Sinne einer Tätigkeit, die darauf zielt, ein Auditorium von der Berechtigung einer Behauptung und damit der Richtigkeit des Behaupteten zu überzeugen“.[45] Weitergehend unterscheidet Alexy zwei Aspekte der juristischen Begründung: die interne Rechtfertigung und die externe Rechtfertigung. Bei der internen Rechtfertigung geht es um die Frage, ob die zu begründende individuelle Norm aus einer universellen Norm zusammen mit deren semantischen Interpretationen und einer Beschreibung des Sachverhalts deduzierbar ist.[46] Die externe Rechtfertigung betrifft

---

[41] *Günther*, Ein normativer Begriff der Kohärenz für eine Theorie der juristischen Argumentation, S. 178 ff, 188 f.
[42] *Günther*, Ein normativer Begriff der Kohärenz für eine Theorie der juristischen Argumentation, S. 181 f.
[43] *Günther*, Ein normativer Begriff der Kohärenz für eine Theorie der juristischen Argumentation, S. 188.
[44] *Alexy*, Juristische Begründung, System und Kohärenz, S. 97.
[45] *Alexy*, Argumentation, Argumentationstheorie, in: Ergänzbares Lexikon des Rechts 26-2/30, S. 1.
[46] *Alexy*, Theorie der juristischen Argumentation, S. 273; *Peng-Hsiang Wang*, Kohärenz und Revision. Ein Vorschlag zur Lösung der Günther-Alexy-Kontroverse, S. 82.

die Richtigkeit der in der internen Rechtfertigung benutzten Prämissen.[47] Anders als die Normenbegründung Günthers, die nur auf die Richtigkeit der universellen Norm eingeschränkt wird, schließt der Begründungsbegriff Alexys die Dimension der Normenanwendung ein. Alexy weist darauf hin, dass der Bezug auf die konkreten Situationen der Normenanwendung im Begründungsdiskurs notwendigerweise hergestellt wird. „Ohne Bezug auf Anwendungssituationen können die Diskursteilnehmer nicht feststellen, welche Konsequenzen eine Norm für die Interessen der von ihr Betroffenen voraussichtlich haben wird.“[48]

Der von Alexy vertretene Anwendungsbegriff unterscheidet sich von dem Günthers. Günther beschreibt den juristischen Diskurs als ein Sonderfall des moralischen Anwendungsdiskurses, in dem es um die Angemessenheit der Normenanwendung geht.[49] Ihm zufolge fragt das Anwendungsproblem nicht nach der „richtige[n] Anwendung einer Norm“, sondern nach der „Anwendung der richtigen (angemessenen) Norm“[50]. Die von Alexy entwickelte Theorie lautet, dass die juristische Argumentation ein Sonderfall des allgemeinen praktischen Diskurses sei.[51] Normenanwendung impliziere die Ebene der Begründung. Zwei Gründe, der räumliche und der zeitliche Grund, werden angeführt. Zum einen weist Alexy darauf hin, dass die konkrete Anwendungssituation genügend Merkmale anbietet, um in einem entwickelten Rechtssystem unter der Forderung der Berücksichtigung aller Umstände geprüft werden zu können. Diese Forderung führt zu einem Prozess der Präzisierung, Änderung, Verwendung und Neuschöpfung von Normen. Zum anderen kann der Diskurs durch die Anwendung mit der sozialen Welt und damit mit der Geschichte in Verbindung treten. Wegen der intrinsischen Geschichtlichkeit werden nicht nur situationsbezogene individuelle Normen, sondern möglicherweise auch bereits akzeptierte generelle Normen verändert. Die Anwendungssituation hat daher eine diskurstheoretische Bedeutung.[52]

---

[47] *Alexy*, Theorie der juristischen Argumentation, S. 273, 283.
[48] *Alexy*, Normenbegründung und Normenanwendung, S. 66.
[49] *Günther*, Ein normativer Begriff der Kohärenz für eine Theorie der juristischen Argumentation, S. 188 ff.
[50] *Günther*, Der Sinn für Angemessenheit, S. 42.
[51] *Alexy*, Theorie der juristischen Argumentation, S. 261 ff.; *ders.*, Nachwort, S. 426 ff.
[52] *Alexy*, Normenbegründung und Normenanwendung, S. 69 ff.

Die Anwendungs- und Begründungsdiskurse sind keine selbstständigen Diskursformen, vielmehr stellen sie zwei Varianten einer Diskursform dar. Alexy hält dafür, dass nicht nur jeder Anwendungsdiskurs notwendigerweise einen Begründungsdiskurs einschließt, sondern dass die Bezugnahme auf Anwendungssituationen in Begründungsdiskursen unbedingt erforderlich ist.[53]

2.4 Bedarf die Anwendung der Rechtsnorm auch der Begründung?

Ein zentrales Argument für Günthers These der Trennbarkeit ist, dass nicht alle Situationen der Normenanwendung mit all ihren Merkmalen vorausgesehen werden können, weil das Wissen und die Zeit der Diskursteilnehmer beschränkt sind.[54] In der These des Ideals einer perfekten Norm stellt Günther einen idealen Diskurs dar. Unter idealen Bedingungen, wenn die Teilnehmer über eine unbeschränkte freie und gleiche Teilnehmerschaft[55], über ein unbegrenztes Wissen und über unendliche Zeit verfügen, kann jede mögliche konkrete Situation in einer vollständigen Beschreibung präsent sein. Die perfekte Norm als Ergebnis des idealen Diskurses könnte ihre eigene Anwendung regeln, da jede einzelne ihrer möglichen Anwendungen schon Thema des Diskurses war und die Angemessenheit ihrer Anwendung zur Bedeutung ihrer Geltung gehören würde.[56] Anders gesagt, ein spezieller Anwendungsdiskurs wäre auf idealer Ebene überflüssig. Diese Annahme ist jedoch offenkundig unrealistisch. Günther unterscheidet daher den realen Begründungs- und den Anwendungsdiskurs, um den unrealistischen idealen Diskurs zu ersetzen. Die prima facie geltenden Normen werden im Gesetzgebungsdiskurs begründet und danach auf die Angemessenheit ihrer Anwendung im konkreten Fall überprüft.

Es bleibt zu fragen, ob die Anwendung der Rechtsnormen keiner Begründung bedarf, wie Günther behauptet. Wegen der Nichtvorhersehbarkeit aller künftigen Situ-

---

[53] *Alexy*, Normenbegründung und Normenanwendung, S. 66 f., 70.
[54] *Günther*, Der Sinn für Angemessenheit, S. 52.
[55] *Alexy*, Normenbegründung und Normenanwendung, S. 54 f.
[56] *Günther*, Der Sinn für Angemessenheit, S. 37 ff.; *ders*., Ein normativer Begriff der Kohärenz für eine Theorie der juristischen Argumentation, S. 167 f.

ationen der Normenanwendung ergänzt Günther den realen Anwendungsdiskurs durch einen Begründungsdiskurs. Die Begründung der Angemessenheit der Normenanwendung hänge von der Möglichkeit ab, alle für den konkreten Fall relevanten Merkmale der Situation festzustellen, alle alternativ in Frage kommenden Normen zu beurteilen.[57] Dagegen ist eingewandt worden, dass die Idee des Anwendungsdiskurses leer sei, weil sie nicht sage, welche Gesichtspunkte wie zu berücksichtigen seien.[58] Tatsächlich existiert kein Maßstab, nach dem die Situationsmerkmale auf ihre Anwendbarkeit auf generelle Normen beurteilt werden könnten. Um dieses Problem zu lösen, stellt Habermas auf die generalisierten Beschreibungen von Situationen einer bestimmten Art als Paradigmen ab.[59] Es gibt freilich keinen Maßstab, um zu beurteilen, welche Paradigmen in einer Situation dienlich sind. In dem zuvor erwähnten Beispiel lautet die generelle Norm N_2: Es ist geboten, in Not geratenen Freunden zu helfen. Welche Situationen als Notsituation eingeschätzt werden können, ist nicht nur unvorhersehbar, sondern auch nicht definitiv. Die Begründung in einem Anwendungsdiskurs ist somit unumgänglich

3 Rechtsanwendung als Diskurs

3.1 Kohärenzthese der Rechtsanwendung bei Klaus Günther

Der juristische Diskurs bei Günther ist ein Angemessenheitsdiskurs, in dem eine geltende Norm mit Kohärenzprinzip in bestimmten Situationen interpretiert wird. Die Grundlage dieses Diskursmodells ist die Unterscheidung zwischen Begründung und Anwendung. In dem idealen Diskurs, unter den Bedingungen der unbeschränkten Teilnehmerschaft, des unbegrenzten Wissens und der unendlichen Zeit, wird eine perfekte Norm erzeugt, in der jede konkrete Anwendungssituation mit allen ihren Merk-

---

57 *Günther*, Der Sinn für Angemessenheit, S. 257 ff.
58 *Alexy*, Jürgen Habermas' Theorie des juristischen Diskurses, S. 171.
59 *Habermas*, Faktizität und Geltung, S. 271. *Günther*, Ein normativer Begriff der Kohärenz für eine Theorie der juristischen Argumentation., S.181 ff.

malen vorhergesehen wird. Aber die Annahme ist nicht realisierbar. Die voneinander strikt getrennten realen Begründungs- und Anwendungsdiskurse spielen zusammen, um die Wirkung der Abwesenheit des idealen Diskurses möglichst zu kompensieren. Der Begründungsdiskurs thematisiert nur die Normengeltung. Demgegenüber betrifft der reale Anwendungsdiskurs die Angemessenheit der Normenanwendung.

In rechtlicher Entscheidungspraxis besteht die angemessene Normenanwendung nach Günther in zwei Komponenten. Erstere meint die Berücksichtigung aller besonderen Merkmale einer bestimmten Situation, um alle in konkreten Fall anwendbaren Normen zu finden. Mit der Rede von „allen Merkmalen"[60] meint Günther nicht alle Daten einer Situation, sondern lediglich „alle relevanten Merkmale". Ihm zufolge muss „der Fall im Lichte der einschlägigen Normbestimmungen beschrieben"[61] werden. In jeder Situation gebe es mehrere prima facie anwendbare gültige Normen, aber nur eine von ihnen sei angemessen.[62] Die zweite Komponente meint die Lösung der Normenkollision in einzelnen Situationen nach dem Kohärenzkriterium.[63] In Anwendungsdiskursen bilden alle Normen eine kohärente Ordnung für den jeweiligen Fall. Jede gültige Norm sei auf eine kohärente Ergänzung durch alle anderen in einer Situation anwendbaren Normen angewiesen. Zugleich sei es erst die einzelne Situation, deren angemessene Interpretation der ungeordneten Menge gültiger Normen die bestimmte Gestalt einer jeweils kohärenten Ordnung verleihe.[64] Mit Hilfe des Kohärenzprinzips werde die einzige richtige Entscheidung[65] gefunden. Entgegen der Idee der Unparteilichkeit in einem situationsunabhängigen Begründungsdiskurs wird die Berücksichtigung aller besonderen Merkmale und aller möglicherweise einschlägigen

---

[60] *Günther*, Der Sinn für Angemessenheit, S.56.
[61] *Habermas*, Richtigkeit versus Wahrheit. Zum Sinn der Sollgeltung moralischer Urteile und Normen, S. 282.
[62] *Günther*, Ein normativer Begriff der Kohärenz für eine Theorie der juristischen Argumentation, S. 173.
[63] *Günther*, Der Sinn für Angemessenheit, S.299ff.; *ders.*, Ein normativer Begriff der Kohärenz für eine Theorie der juristischen Argumentation, S. 178 ff.
[64] *Habermas*, Erläuterungen zur Diskursethik, S. 140f.; *Günther*, Ein normativer Begriff der Kohärenz für eine Theorie der juristischen Argumentation, S. 182 f.
[65] *Habermas*, Faktizität und Geltung, S.256; *Günther*, Ein normativer Begriff der Kohärenz für eine Theorie der juristischen Argumentation, S. 182.

Normen einer Situation von Günther als der „applikative Sinn von Unparteilichkeit“[66] bezeichnet.

Problematisch an der Kohärenzthese der Rechtsanwendung bei Günther ist die Vernachlässigung des subjektiven Elements im Recht. Im idealen Diskurs werden die in allen Hinsichten idealen Diskursteilnehmer angenommen. Wenn ideale Gesetzgeber Normen begründen würden, könnten sie alle konkreten Situationen voraussehen. Wenn ideale Normenanwender die Normen anwenden würden, könnten sie die einzige richtige Entscheidung treffen. In dem unvollkommenen realen Diskurs hingegen ist das Vermögen der Diskursteilnehmer begrenzt. Die Doppelnatur der Menschen führt zu Problemen. Erstens geht es um die Forderung der Berücksichtigung aller Merkmale der Anwendungssituation. Nach Günther ist diese Forderung praktisch wirksamer Bestandteil der Idee der Unparteilichkeit.[67] Ungeklärt bleibt allerdings, wie die Rechtsanwender diese Forderung erfüllen. Um alle relevanten Merkmale einer Situation zu kennen, muss die Frage, was die irrelevanten Merkmale einer Situation sind, beantwortet sein, wenn die Situationen sich voneinander durch ihre Merkmale unterscheiden. Ähnlich verhält es sich mit der kohärenten Ordnung, dem zweiten problematischen Bereich. Die Vorrangigkeit der kollidierten Normen fordert einen normativen Beurteilungsmaßstab. Die Kohärenz ist mehr eine abstrakte Richtlinie als ein nachvollziehbares Kriterium. Wenn Rechtanwender natürliche Menschen sind und die Rechtsanwendung subjektive Elemente enthält, ist die Begründung der Rechtsanwendung im konkreten Fall erforderlich. Daher ist die Unterscheidung zwischen Begründung und Anwendung der Rechtsnormen als Grundlage von Günthers Anspruch, dass der juristische Diskurs ein Sonderfall des moralischen Anwendungsdiskurses ist, fehlerhaft, weil er die Subjektivität in der Rechtsanwendung vernachlässigt.

---

[66] *Günther*, Der Sinn für Angemessenheit, S.257.
[67] *Günther*, Der Sinn für Angemessenheit, S.58.

3.2 Sonderfallthese der Rechtsanwendung bei Robert Alexy

Alexys Sonderfallthese lautet: „Der juristische Diskurs ist ein Sonderfall des allgemeinen praktischen Diskurses.“[68] Der Sonderstatus besteht darin, dass die „juristische Argumentation [...] durch die wie immer zu bestimmende Bindung an das geltende Recht“ gekennzeichnet ist.[69] Anders gesagt findet der juristische Diskurs unter spezifisch juristischer Einschränkung statt. Der juristische Diskurs im weiteren Sinne umfasst auch den Gesetzgebungsdiskurs. In dieser Arbeit wird nur der juristische Diskurs im engen Sinne bzw. die richterliche Betätigung in Betracht gezogen.

Rechtsanwendung ist ein gesetzmäßiger, rational kontrollierter Prozess, in dem die generell-abstrakt formulierten Rechtsnormen in konkreten Streitfällen umgesetzt werden, um eine sachgerechte Entscheidung anhand der normativ vorgegebenen Wertungen zu finden. Gemäß der strukturellen Analyse besteht der Begriff der Rechtsanwendung aus drei Komponenten: (1) die Subjekte wenden verschiedene (2) Methoden an, um die abstrakten Normen zu analysieren, und um eine (3) Entscheidung zu treffen. Der Gegenstand der Rechtsanwendung sind die Rechtsnormen. Mit Methoden wie Subsumtion, Abwägung und Analogie werden die Normen angewendet, um die Fälle zu entscheiden.

Die Unterscheidung zwischen idealem und realem Diskurs spielt eine wichtige Rolle in der Diskurstheorie Alexys.[70] Aus ihr ergibt sich die ideale und reale Rechtsanwendung. Die Rechtsanwendung im idealen Modell ist in allen Hinsichten ideal. Ihre Subjekte sind ideal und daher als Inbegriff von sprachlich-begrifflicher Klarheit, empirischer Informiertheit und Unparteilichkeit gestaltet. Als Vernunftwesen besitzen sie vollkommenes Handlungs- und Erkenntnisvermögen. Im idealen Modell der Rechtsanwendung können die idealen Subjekte alle Methoden vernünftig verwenden, die Vorrangrelationen zwischen widersprüchlichen Normen identifizieren, um eine

---

[68] *Alexy*, Theorie der juristischen Argumentation, S. 32.
[69] *Alexy*, Theorie der juristischen Argumentation, S. 262.
[70] *Alexy*, Probleme der Diskurstheorie, S. 113 ff.

endgültige perfekte Entscheidung zu treffen. Darüber hinaus wird notwendigerweise ein Richtigkeitsanspruch erhoben. Das Entscheidungsverfahren ist objektiv. Wegen der Vollkommenheit der Rechtsanwender wird die definitive Entscheidung nicht von ihrem subjektiven Willen, begrenzten Wissen und ihrer beschränkten Informiertheit beeinflusst. Durch den Ausschluss aller subjektiven Elemente ist die Rechtsanwendung im idealen Modell ein rein objektives Modell der Anwendung der Rechtsnormen.

Die Rechtsanwendung im realen Modell ist eine in keiner Hinsicht ideale Rechtsanwendung. Sie ist dadurch definiert, dass die Rechtsanwender, nur eine beschränkte Fähigkeit zu sprachlich-begrifflicher Klarheit und Informiertheit haben, nur ein beschränktes Handlungs- und Erkenntnisvermögen besitzen, und unter den Bedingungen begrenzter Zeit und Teilnehmerschaft mit den entsprechenden Methoden die angemessenen Rechtsnormen als Entscheidungskriterien suchen. Gegenstand der Rechtsanwendung ist die Rechtsnorm, die entweder Regel oder Prinzip ist. Wegen ihres unterschiedlichen Charakters in Bezug auf den Grad der Erfüllbarkeit werden Regel und Prinzip mit verschiedenen Methoden angewandt.

Alexy entwickelte ein Regel/Prinzipien-Modell des Rechts aufgrund der Unterscheidung zwischen Regeln und Prinzipien.[71] Regeln sind demnach Normen, die definitiven Gebote enthalten. „Wenn eine Regel gilt, dann ist es geboten, genau das zu tun, was sie verlangt, nicht mehr und nicht weniger.“[72] Damit enthalten Regeln „eine Festsetzung im Raum der rechtlichen und tatsächlichen Möglichkeiten“[73]. Anders als Prinzipien haben Regeln keine Dimension des Gewichts. Die Regeln können stets nur entweder erfüllt oder nicht erfüllt werden.[74] Die Anwendung der Regeln erfolgt durch die Subsumtion eines Sachverhaltes unter ihren Tatbestand und die Deduktion der Rechtsfolge. Nur durch die Ungültigkeit einer der kollidierenden Regeln oder die

---

[71] *Alexy*, Theorie der Grundrechte, S. 71-158.
[72] *Alexy*, Theorie der Grundrechte, S. 76.
[73] *Alexy*, Theorie der Grundrechte, S. 88.
[74] *Alexy*, Theorie der Grundrechte, S. 76.

Einfügung von Ausnahmeklauseln kann dieser Konflikt gelöst werden.[75] Eine Regel ist abwägungsfrei anwendbar.

Prinzipien unterscheiden sich von Regeln in ihrer formalen Struktur. Während Regeln ihre Rechtsfolge definitiv anordnen, sehen Prinzipien eine Rechtsfolge prima facie vor. Prinzipien enthalten lediglich Optimierungsgebote, die fordern, dass ihre Rechtsfolge relativ auf die tatsächlichen und rechtlichen Möglichkeiten in möglichst hohem Maße realisiert wird.[76] Anders als beim Regelkonflikt, der sich in der Dimension der Geltung abspielt, kollidieren Prinzipien miteinander in der Dimension des Gewichts.[77] Wenn zwei Prinzipien in konkreten Fällen kollidieren, geht das gewichtigere Prinzip vor. Die Geltung des zurücktretenden Prinzips bleibt im Kollisionsfall unberührt. Es wird nicht aus der Rechtsordnung verabschiedet und die Vorrangfrage kann in anderen Fällen anders zu entscheiden sein. Die Anwendung der Prinzipien erfordert eine Abwägung kollidierender Prinzipien.

Die Normen werden in einem Drei-Ebenen-Modell des Rechtssystems verwendet, um die rechtliche Entscheidung zu finden.[78] Wie Hart sagt, hat jedes positive Recht eine offene Struktur.[79] Neben der Rechtssicherheit und der Berechenbarkeit bringt eine Regelebene außerdem die Offenheitslücke mit. Zur Beseitigung dieser Lücke ist die Hinzufügung der Prinzipienebene erforderlich. Vor dem Hintergrund der Doppeleigenschaft der Prinzipien, notwendigerweise zugleich zum Recht und zur Moral gehören, wird eine Entscheidung in zweifelhaften Fällen getroffen.[80] Während die Prinzipienebene zur Beseitigung der Offenheitslücke auf der Regelebene hinzugefügt wird, bleibt auf der Prinzipienebene noch eine Unbestimmtheitslücke. Deshalb ist eine dritte Ebene erforderlich. Die rationalitätssichernde Prozedur als eine prozedurale Moraltheorie macht die Wertungen auf der Prinzipien- oder Abwägungsebene einer rationalen Kontrolle zugänglich und begründet die Möglichkeit richtiger Entschei-

---

[75] *Alexy*, Theorie der Grundrechte, S. 77.
[76] *Alexy*, Theorie der Grundrechte, S. 75 f.
[77] *Dworkin*, Taking Rights Seriously, S. 26 f.; *Alexy*, Theorie der Grundrechte, S. 79.
[78] *Alexy*, Rechtssystem und praktische Vernunft, S. 227 ff.
[79] *Hart*, The Concept of Law, S. 124
[80] *Alexy*, Begriff und Geltung des Rechts, S. 126 ff.

dungen.[81] Indem die rechtlichen Entscheidungen durch das Regel/Prinzipien/Prozedur-Modell gefunden werden, schließt die reale Anwendung der Normen notwendigerweise einen Prozess der Begründung ein.

3.3 Kritik an beiden Thesen durch Armin Engländer

Engländer bewertet die Diskurstheorie des Rechts dahingehend, dass sie weder umfassende Grundrechte begründen kann, noch ein angemessenes Verständnis des Gesetzgebungsverfahrens bietet. Auch im Hinblick auf die Abläufe von Gerichtsverfahren ist das Diskursmodell der Rechtsanwendung unangemessen. Wegen der spezifischen Eigenschaften des subjektiven Freiheitsrechtes scheitert die diskursive Rechtfertigung auf der Ebene der Rechtsetzung.[82] Auf der Ebene der Rechtsanwendung werde nicht begründet, dass Gerichtsverfahren als Diskurs aufzufassen sind. „Den Diskurstheoretikern mißlingt es, die utopischen Annahmen ihrer Theorie zur Realität in Bezug zu setzen."[83]

Nach der Diskurstheorie ist es notwendig, dass richterliche Urteile einen Anspruch auf Richtigkeit erheben. Alexy sieht im juristischen Diskurs einen Sonderfall des allgemeinen praktischen Diskurses, in dem der Anspruch erhoben wird, dass die Entscheidung im Rahmen der geltenden Rechtsordnung vernünftig begründet werden kann.[84] Gegen das Diskursmodell der Rechtsanwendung Alexys, nach dem die richterliche Entscheidungsfindung tatsächlich als diskursives Verfahren aufgefasst werden kann, bringt Engländer zahlreiche Einwände vor. Vor allem sei es innerhalb des Gerichtsverfahrens nach den Prämissen der allgemeinen Diskurstheorie unverzichtbar, dass die Akteure nicht erfolgsorientiert handeln würden, sondern sich wechselseitig als Teilnehmer eines kooperativen Verständigungsprozesses anerkennen würden.[85]

---

81 *Alexy*, Rechtssystem und praktische Vernunft, S. 228 f.

82 *Engländer*, Diskurs als Rechtsquelle, S. 99 ff. An dieser Stelle kann jedoch nicht auf den Diskurs der Gesetzgebung eingegangen werden.

83 *Engländer*, Diskurs als Rechtsquelle, S. 157.

84 *Alexy*, Theorie der juristischen Argumentation, S. 264; *ders.* The Special Case Thesis, S. 375.

85 *Engländer*, Diskurs als Rechtsquelle, S. 145. Ebenso *Habermas*, Theorie der Gesellschaft oder Sozialtechnologie? Eine Auseinandersetzung mit Niklas Luhmann, S. 200 f.; *ders.*, Handlungen, Sprechakte, sprachlich vermit-

Die Prozessparteien verfolgen jedoch kein kommunikatives Ziel, etwa die Suche einer gemeinsamen Wahrheit, sondern nur ein strategisches Ziel, nämlich eine jeweils für sie günstige Entscheidung im Streitfall zu erreichen. Daher ist die Handlung der Rechtsanwendung nicht als ein Diskurs, sondern als eine strategische Interaktion zu qualifizieren.[86] Zweitens kritisiert Engländer die Sonderfallthese dahingehend, dass die Parteien des Prozesses als die Betroffenen des richterlichen Urteils keine gleichberechtigten Diskursteilnehmer des Gerichtsverfahrens seien. Von den Richtern würden sie vielmehr als externe Informanten gesehen, die Sachinformationen und unter Umständen auch Rechtsansichten liefern, mithilfe derer die Richter ganz allein ihre Urteile erarbeiten könnten.[87] Mit der Zustimmung von Neumann stellt Engländer auch heraus, dass die Annahme der Richterperspektive zu einem monologischen, nicht aber dialogischen Verfahren der Normenanwendung führe.[88]

Günther unterscheidet, wie dargelegt, zwischen Begründung- und Anwendungsdiskurs. Er entwickelt ein Modell des Angemessenheitsdiskurses richterlicher Anwendung. Nicht um die Normenbegründung, sondern um die Anwendbarkeit von Normen handele es sich bei dem Gerichtsverfahren. Engländer macht geltend, dass das Angemessenheitsmodell ebenfalls nicht begründet ist. In der Darstellung Günthers ist es unklar, wie in diesem Diskurs die einzig richtige Entscheidung ermittelt werden soll, weil es insoweit an intersubjektiv nachvollziehbaren Bewertungskriterien fehlt.[89] Der Angemessenheitsdiskurs ist, ebenso wie Alexys Sonderfallthese, zweifelhaft. Die richterliche Entscheidungsfindung kann nicht als eine kooperative Wahrheitssuche erklärt werden. Wenn die Prozessbeteiligten sich erfolgsorientiert verhalten, muss der Prozess als strategische Interaktion aufgefasst werden. Bei diesem Prozess sind die Bedingungen des Diskurses gerade nicht erfüllt, weshalb das Gerichtsverfahren sich

---

telte Interaktionen und Lebenswelt, S. 72; *Neumann*, Juristische Argumentationslehre, S. 84 f.; *ders.* Zur Interpretation des forensischen Diskurses in der Rechtsphilosophie von Jürgen Habermas, S. 418 f.

86 *Engländer*, Diskurs als Rechtsquelle, S. 144 ff.

87 *Engländer*, Diskurs als Rechtsquelle, S. 146.

88 *Engländer*, Diskurs als Rechtsquelle, S. 146, *Neumann*, Zur Interpretation des forensischen Diskurses in der Rechtsphilosophie von Jürgen Habermas, S. 417 f.

89 *Engländer*, Diskurs als Rechtsquelle, S. 148 f.

nicht auf einen Anwendungsdiskurs beziehen kann.[90] Das Verfahren der Rechtsanwendung ist nicht diskursiv.

Engländer zufolge sind die Menschen nicht erkennende, sondern ökonomisch-rationale Handlungssubjekte. Der juristische Diskurs verbindet sich nach Alexy notwendigerweise mit einem normativen Richtigkeitsanspruch, der die rechtliche und moralische Richtigkeit umfasst. Engländer wendet ein, dass die moralische Richtigkeit einer Norm kognitiv nicht begründbar ist. Er unterscheidet zwei Arten menschlicher Erkenntnis. Die empirische Erkenntnis bezieht sich auf die Tatsachen der natürlichen oder der sozialen Realität. Durch sie wird das menschliche Wissen über die Welt erworben. Die theoretische Erkenntnis begründet und erweitert das menschliche Wissen in Feldern wie der Logik oder der Mathematik.[91] Nur wenn die moralische Richtigkeit von Normen entweder durch empirische oder durch theoretische Erkenntnis gerechtfertigt werden könnte, wäre sie kognitiv begründbar.[92] Aber die moralische Richtigkeit ist weder objektive Werttatsache, die als empirische Erkenntnis sinnlich erfahren wird, noch objektiv begründbare, aprioristische Vernunfterkenntnis, die nur aufgenommen wird.[93] Die rechtliche Richtigkeit kann vom Menschen, der als erkennendes Subjekt Bestandteil der natürlichen Welt ist, nicht erkannt werden, weil sie moralische Eigenschaften beinhaltet und die menschliche Erkenntnis insoweit begrenzt ist.

Als Alternative der Diskurstheorie entwickelt Engländer ein interessenbasiertes Rechtfertigungsmodell. Er will die Rechtsnormen durch das rationale Eigeninteresse der einzelnen Menschen begründen. Grundlage des Modells ist die Annahme, dass die Menschen rational handeln, um ihren eigenen Wünschen, Zielen und Interessen zu entsprechen. In einer Entscheidungssituation wählen die Individuen unter verschiedenen ihnen zur Verfügung stehenden Handlungsalternativen aus, von denen sie sich die

[90] *Engländer*, Diskurs als Rechtsquelle, S. 149 f.
[91] *Engländer*, Diskurs als Rechtsquelle, S. 90.
[92] *Engländer*, Diskurs als Rechtsquelle, S. 89 ff.
[93] *Engländer*, Diskurs als Rechtsquelle, S. 90 ff.

bestmögliche Verwirklichung ihrer Präferenzen versprechen. [94] Als rationaler Nutzenmaximierer wird das Subjekt der Rechtsanwendung als *homo oeconomicus* bezeichnet. Eine Norm kann zwar nicht in einem absoluten Sinne, aber in einem relativen, auf den grundlegenden Interessen basierenden Sinne, begründet werden. Für die allermeisten Menschen sind diese Interessen akzeptabel, weil der Schlüssel für ein friedliches Zusammenleben der Menschen in Freiheit in ihrem aufgeklärten Eigeninteresse liegt.[95]

Aus der Perspektive der dualen Natur des Menschen ist das interessenbasierte Rechtfertigungsmodell Engländers rudimentär. Die Subjekte der Rechtsanwendung sind ihm zufolge erstens nur die sinnlichen Menschen. Durch ihre auf sinnlicher Wahrnehmung beruhenden Erkenntnisprozesse sind sie unfähig, die moralische Richtigkeit zu erkennen. Zweitens setzt Engländer diese sinnlichen Menschen, also die Subjekte der Rechtsanwendung auf der realen Ebene, mit den ökonomisch rationalen Subjekten gleich. Das Interesse ist ihm zufolge der einzige Antrieb, auf dem das Recht begründet werden kann. Dem Begriff des Menschen bei Engländer fehlt nicht nur die ideale Ebene, sodass die menschliche Handlung, die auf Vernunft abzielt, orientierungslos bleiben muss. Auch auf realer Ebene betrachtet Engländer den Menschen in unzureichender Weise, da er in ihm nur das ökonomisch-rationale Subjekt sieht. Nicht nach dem Streben der Vernunft, sondern nur nach der Nutzenmaximierung wenden die Individuen die Rechtsnormen an, deswegen gibt es keine moralische Dimension innerhalb des positiven Rechts. Diesbezüglich kann Engländer als Rechtspositivist bezeichnet werden.

3.4 Streit um Positivismus und Nichtpositivismus in der Rechtsanwendung

Der Streit zwischen Positivismus und Nichtpositivismus ist nicht neu. Er dreht sich um das Problem, ob es einen notwendigen Zusammenhang zwischen Recht und

[94] *Engländer*, Diskurs als Rechtsquelle, S. 160.
[95] *Engländer*, Diskurs als Rechtsquelle, S. 174 f.

Moral gibt. Von Seiten der Rechtspositivisten wird die Trennungsthese vertreten, nach der der Begriff des Rechts inhaltlich neutral zu erfassen ist und ohne einen ethischen Gerechtigkeitsbezug bestimmt wird. Das Recht ist eine faktisch geltende Zwangsordnung. Der Rechtspositivismus trennt die Feststellung der rechtlichen Geltung strikt von der Vornahme einer moralischen Bewertung.[96] Nach der Trennungsthese wird der wertfreie Rechtsbegriff allein mit deskriptiven Mitteln bestimmt, so dass eine moralische Richtigkeit kein das Recht definierendes Merkmal darstellen kann.[97] Dagegen besagt die für einen nichtpositivistischen Standpunkt maßgebliche Verbindungsthese, dass das Recht begrifflich moralische Elemente enthält. Auf den Maßstab der Richtigkeit werde im Recht notwendig Bezug genommen.[98] Neben den beiden in der positivistischen Theorie festgehaltenen Elementen des Rechtsbegriffs, also dem der ordnungsgemäßen Gesetztheit und dem der sozialen Wirksamkeit, gibt es noch die inhaltliche Richtigkeit oder Gerechtigkeit als ein drittes Element.[99] Zweifellos ist der Einschluss der moralischen Richtigkeit in den Rechtsbegriff der Streitpunkt. Nach der Diskurstheorie des Rechts setzt sich der Streit zwischen dem Positivismus und dem Nichtpositivismus zu der Frage fort, ob ein Richtigkeitsanspruch im Recht notwendig erhoben wird.[100]

Das Recht erhebt einen Anspruch auf Richtigkeit durch diejenigen Subjekte, die im und für das Recht tätig sind.[101] Aber die These, dass alle Subjekte des Rechts, insbesondere die des gerichtlichen Verfahrens, notwendig den Richtigkeitsanspruch erheben, wird von vielen Kritikern bezweifelt. Neumann stellt zutreffend fest, dass die forensische Argumentation durch „Parteiinteressen"[102] geprägt sei. Die Parteien des Prozesses wollen nur Gewinne erzielen und Verluste vermeiden.[103] Sie verfolgen

---

[96] Vgl. *Hoerster*, Verteidigung des Rechtspositivismus, S. 11.
[97] *Engländer*, Zur begrifflichen Möglichkeit des Rechtspositivismus. Eine Kritik des Richtigkeitsarguments von Robert Alexy, S. 437; vgl. auch *Kelsen*, Reine Rechtslehre, 2 Aufl., S. 201
[98] *Alexy*, Begriff und Geltung des Rechts, S. 17.
[99] *Alexy*, Begriff und Geltung des Rechts, S. 17.
[100] *Alexy*, Recht und Richtigkeit, S. 3.
[101] *Alexy*, Recht und Richtigkeit, S. 4.
[102] *Neumann*, Juristische Argumentationslehre, S. 85.
[103] *Habermas*, Theorie der Gesellschaft oder Sozialtechnologie? Eine Auseinandersetzung mit Niklas Luhmann, S. 200 f.

ihre subjektiven Ziele, aber nicht Richtigkeit oder Wahrheit. Demnach wird nicht der Richtigkeitsanspruch, sondern nur der Anspruch auf eigenes Interesse im Recht erhoben.

Darüber hinaus gibt es, neben dem Streit über das notwendige Erheben des Anspruchs auf Richtigkeit, wie schon erwähnt, eine Kontroverse über den Diskurscharakter des juristischen Diskurses. Viele Kritiker der Sonderfallthese, die besagt, dass der juristische Diskurs ein Sonderfall des allgemeinen praktischen Diskurses ist,[104] ordnen die Auseinandersetzung vor Gericht als strategisches Handeln ein. Das Ziel der Prozessparteien ist nicht die Wahrheitsfindung, sondern eine für sie jeweils günstige Entscheidung eines Streitfalls. „Der Disput als Mittel der strategischen Verwirklichung dieser durch Rollenverteilung definierten Ziele ist kein Diskurs. Ein Diskurs steht vielmehr unter dem Anspruch der kooperativen Wahrheitssuche, d. h. der prinzipiell uneingeschränkten und zwanglosen Kommunikation, die allein dem Zweck der Verständigung dient."[105] Mit dieser Kritik wird die Notwendigkeit des Strebens nach Richtigkeit im Recht geleugnet.

Wenn im Recht notwendigerweise ein Richtigkeitsanspruch erhoben wird, stellt sich weiterhin die Frage, ob der Anspruch auf rechtliche Richtigkeit neben dem Anspruch auf Gesetzmäßigkeit auch einen Anspruch auf Vernünftigkeit umfasst. Jede Rechtsnorm ist entweder Regel oder Prinzip. Wegen der offenen Struktur (open texture)[106] des positiven Rechts kann der zweifelhafte Fall, der im Offenheitsbereich des Rechtssystems liegt, nicht allein aufgrund des vorgegebenen autoritativen Materials gelöst werden.[107] Dass jedes wenigstens minimal entwickelte Rechtssystem notwendigerweise Prinzipien enthält, führt zu einem notwendigen Zusammenhang von Recht und irgendeiner Moral.[108] Die in zweifelhaften Fällen berücksichtigten Prinzipien gehören stets zu irgendeiner Moral. Im Unterschied zu Regeln werden die Prin-

---

[104] *Alexy*, Theorie der juristischen Argumentation, S. 261.
[105] *Habermas*, Theorie der Gesellschaft oder Sozialtechnologie? Eine Auseinandersetzung mit Niklas Luhmann, S. 200 f.
[106] *Hart*, The Concept of Law, S. 124.
[107] *Alexy*, Begriff und Geltung des Rechts, S. 122.
[108] *Alexy*, Begriff und Geltung des Rechts, S. 121, 127.

zipien durch Abwägung angewandt. Nach Alexy haben Prinzipien und Werte die gleiche Struktur. Der Unterschied bestehe lediglich darin, dass Prinzipien einen deontologischen, Werte einen axiologischen Charakter aufwiesen.[109] Durch die Anwendung der Prinzipien werden die Grundwerte des Rechts geschützt. Die Prinzipien sind damit die Träger der Werte im Rechtssystem. Häufig wird der Einwand vorgebracht, dass die Anwendungsweise der Prinzipien, also die Abwägung, unvermeidlich subjektiv ist, weil die Werte „incommensurable"[110] sind. „Incommensurability" bedeutet die Abwesenheit eines allgemeinen Maßstabs, mit dem den Werten eine Rangordnung zugewiesen wird. ?

Kurz gesagt, von dem Standpunkt des Nichtpositivismus aus wird die These, dass der Richtigkeitsanspruch notwendig im Recht erhoben wird, wegen des Problems der Subjektivität angezweifelt. Durch die Ausschließung des moralischen Elements aus dem Rechtssystem versucht der Positivismus die Objektivität des Rechts zu bewahren. Gegenstand der vorliegenden Untersuchung ist die subjektive Anwendung der Rechtsnormen. Reine Objektivität ist ein transzendentales Ziel. In der Realität ist die Subjektivität im Rechtssystem unvermeidbar, weil zum einen die Anwender des Rechts eine duale Natur haben und zum anderen das Recht einen Freiraum enthält. Dieser Freiraum ermöglicht die Verbindung der Moral mit dem Recht, also der Subjektivität mit der Objektivität. Im Folgenden wird versucht, die Streitpunkte zwischen Positivismus und Nichtpositivismus mittels der Konzeption der Subjektivität zu analysieren.

4 Zusammenfassung

Als theoretische Grundlage zeigt die Dichotomie der privaten und öffentlichen Autonomie und die der idealen und realen Dimensionen der Menschen auf, dass es

---

[109] *Alexy*, Theorie der Grundrechte, S. 133 ff.

[110] Zu der These „incommensurability" vgl. etwa *Chang*, Incommensurability, Incomparability, and Practical Reason; *Hsieh*, Incommensurable Values.

neben Objektivität auch Subjektivität in der Rechtsanwendung gibt. Günthers Meinung nach bedarf die Anwendung der Normen keiner Begründung, weil er die Realität mit dem Ideal vermischt. In den realen Dimensionen sind Normenanwendung und Normenbegründung wegen des subjektiven Elements des Rechts untrennbar.

Teil 2: Rechtsanwendung im Positivismus

1 Identität der Rechtssetzung und Rechtsanwendung bei Kelsen

1.1 Einleitung

Hans Kelsen zählt zu den einflussreichsten Vertretern des modernen Rechtspositivismus. Er befasst sich mit der Rechtstheorie sowie mit dem Verfassungs- und Völkerrecht und hat in diesen Bereichen herausragende Beiträge erbracht. Er wird nicht nur als der Begründer der modernen Verfassungsgerichtsbarkeit bezeichnet, sondern ist auch als Urheber der „Reinen Rechtslehre" anzusehen. Mit seiner Reinen Rechtslehre verfolgt Kelsen das Ziel, eine von aller politischen Ideologie und von allen naturwissenschaftlichen Elementen gereinigte Rechtstheorie zu entwickeln und auf diese Weise die Jurisprudenz auf die Höhe einer echten Geisteswissenschaft zu heben.[111]

Als Neukantianer hat Kelsen sich sowohl von der Marburger Schule als auch von der Südwestdeutschen Schule beeinflussen lassen,[112] und seine Rechtslehre weist viele (neu-)kantische Elemente auf. Die Aufgabe der Reinen Rechtslehre kann als eine Fortführung des Versuchs angesehen werden, die Frage „was kann ich wissen"[113] zu beantworten. Kelsens Rechtstheorie betrachtet jede juristische Tätigkeit nur im theoretischen, nicht aber im praktischen Sinne. Das Recht wird ohne Bezug zu seinem Inhalt als Methode gewertet, bei der die Struktur der Rechtsnormen deren Funktion auf ein Sollen zurückdrängt. Die Reine Rechtslehre stellt einen normativistischen Zusammenhang dar.

Kelsen hält an der Unterscheidung zwischen dem Sein und dem Sollen fest, bei der sich das „Sein" auf Fakten der äußeren Welt bezieht, das „Sollen" auf die Normen

---

[111] Vgl. *Kelsen*, Vorwort Reine Rechtslehre, 1 Aufl., III.
[112] Vgl. *Paulson*, Faktum/Wert-Distinktion, Zwei-Welten-Lehre und immanenter Sinn. Hans Kelsen als Neukantianer, S. 233.
[113] *Kant*, Kritik der reinen Vernunft, A 805/B 833.

des Rechts.[114] Angesichts dessen fordert er für die Rechtswissenschaft als reine Normenwissenschaft, dass sie von der auf das Recht bezogenen sozialen Wirklichkeit getrennt werde. Im Gegensatz zur juristischen Tätigkeit, die durch einen menschlichen Willensakt im vorgesehenen Verfahren vollzogen werde und zum Sein zähle, gehörten die Rechtsnormen dem Bereich des Sollens an. Es gebe eine „unüberbrückbare Kluft“[115] zwischen den zwei Welten. Die Handlung und das Denken des Willensakt- und Rechtsanwendungssubjekts könnten somit als solche noch nicht als Sollen angesehen werden. Das Werturteil des erkennenden Subjektes dürfe zudem nicht den Erkenntnisgegenstand des Rechts beeinflussen.

1.2 Rechtsanwendung als Rechtsakt

1.2.1 Die Anwendung der Normen als Willensakt

1.2.1.1 Die Anwendung der Normen als Deutungsschema

Der juristische Akt ist ein intentionales Verhalten, in ihm zeigt sich der Willen der Handlungssubjekte. In Anschluss an Rudolf Eisler definiert Kelsen: „Der Akt, dessen Sinn ist, dass etwas geboten, vorgeschrieben wird, ist ein Willensakt.“[116] Er ist intentional auf das menschliche Verhalten gerichtet.[117] Der Akt und der Sinn des Aktes sind ein zentrales Begriffspaar der Theorie Kelsens. Als ein natürlicher Tatbestand meint der Akt ein intentionales, bewusstes und willkürliches menschliches Verhalten. Er ist ein äußerer Vorgang, der in Zeit und Raum vor sich geht und sinnlich wahrnehmbar ist.[118] Kelsen zufolge ist der Akt nicht nur eine natürliche Handlung, sondern auch ein Verhalten mit besonderem Sinn. Jeder Akt drückt ein bestimmtes Urteil

[114] Vgl. *Paulson*, Faktum/Wert-Distinktion, Zwei-Welten-Lehre und immanenter Sinn. Hans Kelsen als Neukantianer, S. 227.
[115] Zitiert nach *Paulson*, Faktum/Wert-Distinktion, Zwei-Welten-Lehre und immanenter Sinn. Hans Kelsen als Neukantianer, S. 232.
[116] *Kelsen*, Allgemeine Theorie der Normen, S. 2.
[117] *Kelsen*, Reine Rechtslehre, 2 Aufl., S. 3 ff.
[118] *Kelsen*, Reine Rechtslehre, 1 Aufl., S. 2.

aus, das eine besondere Bedeutung hat. Aber nicht alle diese Urteile sind selbstverständlich rechtliche Urteile, und nicht alle Sinne des Willensaktes sind notwendig objektiv. Demzufolge muss zwischen dem subjektiven und objektiven Sinn eines Aktes unterschieden werden.[119] Der subjektive Sinn des Aktes ist der sich in irgendeiner Weise ausgedrückte und von den anderen verstandene Sinn. Ein Akt mit nur subjektivem Sinn ist nichts anderes als ein sinnlich wahrnehmbarer Tatbestand. Wenn ein Tatbestand einer Person zugeschrieben wird, so ist zu sagen, dass diesem Akt objektiver Sinn im Rechtssystem zugeschrieben wird[120] und er sich auf eine bestimmte Pflicht oder Berechtigung bezieht. Durch diesen spezifisch objektiven Sinn des Aktes werden die natürlichen Vorgänge zu Vorgängen der Rechtswissenschaft gemacht.

Der juristische Akt ist ein Akt mit objektiver Bedeutung, die auch als ein spezifisch juristischer Sinn bezeichnet wird. Alle juristischen Akte sind Akte, aber nicht umgekehrt. Als ein äußerer Tatbestand ist der juristische Akt an sich ein naturgesetzlich bestimmter Vorgang. Er ist kausal-gesetzlich bestimmt und damit nicht Gegenstand der Rechtswissenschaft.[121] Aus dem objektiven Sinn des Aktes folgt die Geltung der Norm. Nach Kelsen ist die Norm kein soziales oder psychisches Faktum, sondern ein objektives Deutungsschema, welches an jenes Faktum herangetragen wird.[122] Die Rechtsnorm liegt in der semantischen Welt des objektiven Sinns. Hingegen ist der geschehende Rechtsfall nur ein naturgesetzlich bestimmter Vorgang. Jede Norm ist funktionell dazu fähig, vom empirischen Tatbestand zum geltenden Sinn des Aktes, d.h. vom Sein zum Sollen überzugehen. Als ein Deutungsschema stellt die Norm eine Sinn-Umwandlung dar. Wenn der Inhalt eines tatsächlichen Geschehens mit dem Inhalt einer Norm übereinstimmt, hat der empirische Akt möglichweise eine objektive Bedeutung.[123] Dieser Vorgang lässt sich als Zurechnung und Zuschreibung erfassen. Die Norm führt zu der Zuschreibung eines objektiven Sinnes, wenn sie die Bedingungen für diese Zuschreibung an empirisch überprüfbare Elemente knüpft. Die

---

[119] *Kelsen*, Reine Rechtslehre, 1 Aufl., S. 4.
[120] *Kelsen*, Reine Rechtslehre, 1 Aufl., S. 4.
[121] *Kelsen*, Reine Rechtslehre, 1 Aufl., S. 5.
[122] *Kelsen*, Reine Rechtslehre, 1 Aufl., S. 5.
[123] *Kelsen*, Reine Rechtslehre, 1 Aufl., S. 5.

Zurechnung verknüpft die Bedingung und die Rechtsfolge im Rechtssatz miteinander. Gegenüber dem empirischen juristischen Akt, der in der Seinssphäre liegt, ist sein Sinn, die Norm, ein Sollen. Nicht der Akt, sondern nur sein Sinn ist Gegenstand der Rechtswissenschaft.

„Der Willensakt, dessen Sinn die Norm ist, ist der Akt, von dem man figürlich sagt: daß die Norm durch ihn ‚erzeugt' wird; das ist der Akt, mit dem die Norm gesetzt wird, der Normsetzungsakt."[124] Als ein Faktum umfasst der Willensakt so unterschiedliche empirische Handlungen wie den Akt der Verabschiedung eines Gesetzes, den Urteilspruch oder die Schließung eines Vertrags. Für diese natürliche Wirklichkeit dienen Rechtsnormen als allgemeine rechtliche Deutungsschemata, weil die Qualifikation eines Tatbestandes etwa als Straftat sich erst dadurch ergibt, dass das Vorliegen dieses Tatbestandes sich als Bedingung für die Setzung eines Zwangsaktes in einer Rechtsnorm findet.[125] Die Rechtsanwendung ist in erster Linie die Verwendung der Norm als Deutungsschema.

1.2.1.2 Die Anwendung der Normen als Staatsakt

Die Anwendung der Normen kann zweitens mit dem Staatsakt identifiziert werden. Jeder Staatsakt lässt sich nach Kelsen auf einen Rechtsakt reduzieren. Die Besonderheit des Staatsaktes liegt nur darin, dass für Kelsen der Staat mit dem Recht identisch ist. Der Staat ist eine Rechtsordnung, die „für die Erzeugung und Anwendung der sie bildenden Normen arbeitsteilig funktionierende Organe einsetzen [muß]"[126]. In der Rechtslehre Kelsens spielt der Begriff des Staates die Rolle des Zurechnungspunktes. Nach der wörtlichen Auslegung ist der Staatsakt ein Akt des Staates. Tatsächlich ist es aber niemals der Staat, der handelt, sondern nur bestimmte Menschen setzen einen bestimmten Akt und leisten eine bestimmte Funktion. Die

[124] *Kelsen*, Allgemeine Theorie der Normen, S. 2.
[125] *Heidemann*, Die Norm als Tatsache, S. 81. Vgl. auch *Kelsen*, Die Rechtswissenschaft als Norm- oder als Kulturwissenschaft, S. 72.
[126] *Kelsen*, Reine Rechtslehre, 2 Aufl., S. 289.

Erzeugung oder Anwendung des Rechts durch den Staat wird „nur in figürlicher Weise [als] die Tatsache beschrieben, daß bestimmte, von der Rechtsordnung bestimmte Menschen in einem von der Rechtsordnung geregelten Verfahren und daher in ihrer von der Rechtsordnung verliehenen Eigenschaft, als Organe der durch die Rechtsordnung konstituierten Gemeinschaft, Rechtsnormen erzeugen, anwenden und mit Zwangsgewalt vollstrecken "[127]. Der Mensch, der einen bestimmten Akt setzt, wird als Organ des Staates angesehen. Der Staat als handelnde Person ist keine Realität, sondern nur eine Hilfskonstruktion juristischen Denkens.[128] Ein Staatsorgan ist durch die Rechtsordnung ermächtigt, den Staat zu repräsentieren und dessen Willen zu realisieren. Wegen der Funktion der Normindividualisierung wird der Staatsakt von anderen anordnenden Rechtsakten unterschieden.

Als ein Staatsakt hängt die Rechtsanwendung eng mit der Lehre vom „Stufenbau der Rechtsordnung" zusammen. Unter dem Einfluss seines Schülers Adolf Merkel hat Kelsen „die Stufentheorie als einen wesentlichen Bestandteil in das System der reinen Rechtslehre aufgenommen"[129]. Der rechtliche Stufenbau beschreibt ein Rangverhältnis von Rechtsquellen in einer Rechtsordnung, die eine pyramidische Struktur hat und aus Normen mit verschiedenen Geltungsstufen besteht. Nach dieser Theorie regelt das Recht selbst das Verfahren seiner Erzeugung. Demnach lassen sich die Rechtsnormen in zwei Kategorien unterteilen: die Normen, die die Erzeugung einer anderen Rechtsvorschrift regeln, und die Normen, die aufgrund dieser Normen bestimmungsgemäß erzeugt werden.[130] Die die Rechtserzeugung bestimmende Norm gilt als höhere Norm, während die bestimmungsgemäß erzeugte Norm die niedrigere Norm darstellt. Der oberste Geltungsgrund ist die gedanklich vorausgesetzte Grundnorm. Sie bildet eine hypothetische Grundlage für die Geltung der auf ihr beruhenden Rechtsordnung.[131] Die Grundnorm steht am Ende der Erzeugungsquellen.

---

[127] *Kelsen*, Was ist die Reine Rechtslehre, WRS 611

[128] *Kelsen*, Reine Rechtslehre, 2 Aufl., S. 294.

[129] *Kelsen*, Hauptprobleme der Staatsrechtslehre, 2 Aufl., Vorrede, XVI.

[130] *Kelsen*, Reine Rechtslehre, 1 Aufl., S. 74.

[131] *Kelsen*, Reine Rechtslehre, 1 Aufl., S. 66.

Sich auf die Stufenbaulehre stützend behauptet Kelsen, dass Rechtsanwendung zugleich Rechtserzeugung sei.[132] Die Rechtsorgane werden von der generellen Norm ermächtigt, sie zu individualisieren, bzw. eine individuelle Norm zu setzen. Jeder Rechtsakt ist zugleich die Anwendung einer ranghöheren Norm und die durch diese Norm bestimmte Erzeugung einer rangniederen Norm. In der Pyramide der Rechtsordnung gibt es nur zwei Ausnahmen, das höchste Glied, die Grundnorm, und das niedrigste Glied, der Zwangsakt als Vollziehung der individuellen Norm eines richterlichen Urteils oder einer Verwaltungsakte. Erstere ist nicht durch einen Willensakt erzeugt, sondern nur gedanklich vorausgesetzt. Letztere besteht nur aus der Vollziehung des individualisierten Zwangsaktes.[133] Die Rechtsanwendung als ein Staatsakt lässt die durch die höhere Norm bestimmten Handlungen vornehmen, damit unter bestimmten Bedingungen eine niedere Norm entsteht.

1.2.2 Die Anwendung der Normen als Erkenntnisakt

Die Rechtsanwendung ist nicht nur ein Willensakt, sondern auch ein Erkenntnisakt. Das zur Setzung und Anwendung eines Rechtsaktes berufene Rechtsorgan hat nicht nur die Aufgabe zu entscheiden, es erkennt auch durch Interpretation, inwieweit eine Norm den Akt ihrer Vollziehung bestimmt.

1.2.2.1 Authentische Interpretation als Mischung vom Willens- und Erkenntnisakt

Die Normen werden durch einen Willensakt erzeugt. Nach Kelsen gilt die Interpretation als eine spezifisch juristische Denkweise, im Rahmen derer die Möglichkeiten und Grenzen der Anwendung von Normen ermittelt werden. Das Gericht als das Staatsorgan, das berufen ist, den Rechtsakt zu setzen, hat die Aufgabe, Normen zu interpretieren und anzuwenden. Die Interpretation kann zuerst als ein Willensakt be-

[132] *Kelsen*, Reine Rechtslehre, 2 Aufl., S. 240.
[133] *Kelsen*, Reine Rechtslehre, 1 Aufl., S. 83.

griffen werden, mit dem die individuelle Norm gewonnen und der Rahmen der generellen Norm erfüllt wird.[134] Der Akt der Vollziehung einer Norm stellt sich meist gleichzeitig als Rechtsanwendung und Rechtssetzung dar. Aufgrund der Erkenntnis der durch die höhere Norm offengelassenen Möglichkeiten wird entweder ein bestimmtes Gesetz geschaffen oder ein konkretes Urteil gefällt. Unter Interpretation versteht Kelsen „die erkenntnismäßige Feststellung des Sinnes des zu interpretierenden Objektes", deshalb „kann das Ergebnis einer Rechtsinterpretation nur die Feststellung des Rahmens sein, den das zu interpretierende Recht darstellt, und damit die Erkenntnis mehrerer Möglichkeiten, die innerhalb dieses Rahmens gegeben sind."[135] Durch einen Willensakt entscheiden die Rechtsanwender sich für eine dieser Möglichkeiten, die dann positives Recht wird.

Nach Kelsen gibt es keine vollständige Bestimmung durch das Recht. Es bleibt stets ein Spielraum freien Ermessens für das handelnde Organ, so dass die ranghöhere Norm „im Verhältnis zu dem sie anwendenden Akt der Normerzeugung oder Vollstreckung immer nur den Charakter eines durch diesen Akt auszufüllenden Rahmens hat".[136] Eine authentische Interpretation erfolgt durch das rechtsanwendende Organ. Kelsen zufolge besteht kein qualitativer Unterschied zwischen der Bindung des Gesetzgebers an die Verfassung und der des Richters an das Gesetz. Der Willensakt, durch den das Rechtsorgan eine Wahl zwischen den durch die Interpretation aufgezeigten Möglichkeiten trifft, verbindet sich stets mit einer erkenntnismäßigen Interpretation des anzuwendenden Rechts.[137] Die authentische Interpretation ist damit eine Mischung aus Willensakt und Erkenntnisakt.

---

[134] *Kelsen*, Reine Rechtslehre, 1 Aufl., S. 97 ff.
[135] *Kelsen*, Reine Rechtslehre, 2 Aufl., S. 349.
[136] *Kelsen*, Reine Rechtslehre, 2 Aufl., S. 346.
[137] *Kelsen*, Reine Rechtslehre, 2 Aufl., S. 351.

1.2.2.2 Rechtswissenschaftliche Interpretation als reiner Erkenntnisakt

Im Unterschied zu der Interpretation durch Rechtsorgane ist die rechtswissenschaftliche Interpretation keine Rechtserzeugung. Sie ist die „rein erkenntnismäßige Feststellung des Sinnes von Rechtsnormen“.[138] Eine wissenschaftliche Interpretation könne nur die möglichen Bedeutungen einer konkreten Rechtsnorm herausstellen, aber sei „unfähig, angebliche Lücken im Recht anzufüllen“[139]. Die Auslegung der Norm mit wissenschaftlicher Funktion suche nicht einen Einfluss auf die Rechtserzeugung zu gewinnen, sondern nur eine wissenschaftliche Wahrheit zu präsentieren. Die Eigenart der nichtauthentischen Interpretation besteht darin, dass sie nicht durch ein Rechtsorgan erfolgt. Daher könne sie kein neues Recht schaffen. Anders als die authentische Interpretation, deren Ergebnis gültig oder ungültig ist, kann die nichtauthentische Interpretation nur wahr oder falsch sein.

1.2.3 Die Anwendung der Normen ohne Subjektivität

1.2.3.1 Personen in der Rechtsanwendung

Der Begriff der Person bei Kelsen beruht auf einer Hypostasierung eines Systems von Relationen. Er ist kein Substanzbegriff, sondern nur ein spezifischer Denkbehelf zur Erfassung der Rechtsordnung. Das Rechtssubjekt erweist sich als die zum Zwecke der Vereinfachung und Veranschaulichung vorgenommene Personifikation eines Komplexes von Normen.[140] In der Reinen Rechtslehre gibt es drei Kategorien von Personen: die physische Person, die juristische Person und die Staatsperson. Die Person als ein juristischer Begriff unterscheidet sich vom naturwissenschaftlichen Begriff des Menschen. Als Träger der Rechtsnorm ist die von der Rechtswissenschaft kon-

---

[138] *Kelsen*, Reine Rechtslehre, 2 Aufl., S. 352.
[139] *Kelsen*, Reine Rechtslehre, 2 Aufl., S. 353.
[140] *Kelsen*, Zur Theorie der juristischen Fiktionen. Mit besonderer Berücksichtigung von Vaihingers Philosophie des Als ob. S. 633 f.

struierte Person keine natürliche Realität. Die physische Person drückt die für das Recht oder die Rechtserkenntnis gegebene Einheit aus. Bei ihr handelt es sich nur um den personifizierten Einheitsausdruck der das Verhalten eines Menschen regelnden Normen.[141] Als fiktives Subjekt ist die juristische Person der Ausdruck für die Rechtsordnung oder die Einheit dieser Normen, die das Verhalten einer Vielheit von Menschen regeln.[142] Wenn einer juristischen Person eine Handlung zugeschrieben wird, ist die Handlung innerhalb eines Teilnormensystems als Inhalt eines Rechts oder einer Pflicht erfasst.[143] Die Staatsperson ist, Kelsen zufolge, identisch mit dem Rechtssystem als Ganzem.[144] Sie wird dem Akt zuschrieben, mit dem Normen angewendet und gesetzt würden.[145]

1.2.3.2 Normativität im schwachen und starken Sinne

Das Recht ist etwas Normatives. Im Unterschied zum herkömmlichen Rechtspositivismus entfernt Kelsen aus der Normativität des Rechts nicht nur die Moralität, bzw. die von der klassischen Naturrechtslehre gestützte Verbindung zwischen Recht und Moral, sondern auch die sozialen empirischen Fakten. Die Normativität findet sich bei Kelsen, worauf Paulson hingewiesen hat, sowohl im starken als auch im schwachen Sinne.[146] Eine schwache bzw. modale Normativität[147] ist mit Kelsens Auszeichnung der Ermächtigungsnorm verbunden. Die ermächtigte Autorität setzt eine Norm innerhalb eines Rechtssystems und diese Norm ist damit ein Sollen. Als geltendes Recht ist die Geltung der Normen von den Normadressaten bzw. den Rechtssubjekten unabhängig. Die schwache Normativität ist deshalb eine subjektlose

---

141 *Kelsen*, Reine Rechtslehre, 1 Aufl., S. 53.
142 *Kelsen*, Reine Rechtslehre, 1 Aufl., S. 54.
143 *Kelsen*, Reine Rechtslehre, 1 Aufl., S. 57.
144 *Kelsen*, Zur Theorie der juristischen Fiktionen. Mit besonderer Berücksichtigung von Vaihingers Philosophie des Als ob. S. 633 f.
145 *Kelsen*, Der soziologische und der juristische Staatsbegriff, S. 83 f.
146 Vgl. *Paulson*, The Weak Reading of Authority and Hans Kelsen´s Pure Theory of Law, S. 131-171; *ders.*, The Normativismus Hans Kelsens, S. 529-580; auch *ders.*, Faktum/Wert-Distinktion, Zwei-Welten-Lehre und immanenter Sinn. Hans Kelsen als Neukantianer, S. 223-251.
147 *Paulson*, The Normativismus Hans Kelsens, S. 532 ff.

Normativität.[148] Nicht die Adressaten der Verpflichtung, sondern nur die dynamischen Erscheinungen innerhalb des Zusammenhangs der Delegation werden hervorgehoben.

Abgesehen von der schwachen wird noch eine starke bzw. inhaltliche Normativität unterschieden. „Daß eine sich auf das Verhalten eines Menschen beziehende Norm ‚gilt', bedeutet, daß sie verbindlich ist, daß sich der Mensch in der von der Norm bestimmten Weise verhalten soll."[149] Bei der starken Normativitätsthese geht es um die Pflichten von Subjekten, die bestimmten Handlungen auszuführen oder zu unterlassen haben. Diesbezüglich wird die Geltung der Normen hier als Verbindlichkeit oder objektives Sollen definiert,[150] welches das Verhalten des Normenadressaten regulieren soll. Im Vergleich zur schwachen Normativität, bei der die Geltung der Normen vom Norminhalt und vom Willen der Rechtssubjekte unabhängig ist, verdeutlicht die Normgeltung aus der Sicht der starken Normativität eine Verbindlichkeit für die Normadressaten. In der vorliegenden Arbeit geht es bei den Betrachtungen der Theorie Kelsens allein um die schwache Normativität.

1.2.3.3 Die Rechtsanwendung ohne Subjektivität

Die Subjekte des juristischen Aktes sind empirische, juristische Subjekte. Sie können nach traditionellen Theorien in zwei Kategorien unterteilt werden: Subjekte einer Rechtspflicht und Subjekte einer Rechtsmacht. Dass ein Individuum Subjekt einer Rechtspflicht ist, bedeutet, so Kelsen, dass ein bestimmtes Verhalten dieses Individuums der Inhalt einer durch die Rechtsordnung statuierten Pflicht ist. Das gegenteilige Verhalten wird zur Bedingung einer Sanktion gemacht. Mit der Funktion, die der Erzeugung oder Anwendung der Rechtsnormen der Rechtsgemeinschaft zuge-

148 *Somek*, Ermächtigung und Verpflichtung. Ein Versuch über Normativität bei Hans Kelsen, S. 64.
149 *Kelsen*, Reine Rechtslehre, 2 Aufl., S. 196.
150 *Alexy*, Hans Kelsens Begriff des relativen Apriori, S. 196.

schrieben wird, fällt der Begriff der Subjekte der Rechtsmacht in der traditionellen Rechtssprache mit dem des Rechtsorgans zusammen.[151]

Den zwei Kategorien von juristischen Subjekten entsprechend werden zwei verschiedene empirisch juristische Akte unterschieden. Der eine betrifft die rechtlichen Pflichten und Berechtigungen von Personen, deren Handlungen reguliert werden. So wird etwa ein Diebstahl, der von einer handlungsfähigen Person begangen wird, als Delikt gewertet. Davon unterschieden wird der durch die Staatsorgane vollzogene Akt der Normenerzeugung und Normenanwendung. Hierbei geht es um die Amtspflicht der staatlichen Organe, Rechtsnormen zu schaffen, zu interpretieren, anzuwenden oder durchzusetzen.

Kelsen lehnt diese Klassifizierung freilich ab, weil durch die Unterscheidung der Typen der juristischen Subjekte lediglich der funktionelle Unterschied menschlichen Verhaltens zum Ausdruck gebracht wird. „[E]ine Rechtspflicht ebenso wie eine Berechtigung [kann] nichts anderes zum Inhalt haben als menschliches Verhalten“.[152] Sowohl die Rechtssubjekte als auch die Subjekte der Rechtsmacht sind lediglich ein gedachter Hilfsbegriff. Ersterer ist der Ausdruck für die Einheit solcher Normen, die das Verhalten einer Vielheit von Menschen regeln.[153] Bei der zweiten geht es um die Normen, die das Verhalten einer Vielheit derjenigen Staatsorgane regelt, welche die anderen Normen erzeugen und vollziehen.[154] Die Personifikation und der Hilfsbegriff der Person sind damit nur ein Produkt der das Recht beschreibenden Wissenschaft, aber nicht des Rechts[155]. Sie sind nicht notwendige Begriffe. Die Rechtsanwendung Kelsens ist somit subjektlos.

Durch die Darstellung des Normsubjektes als eine sich aus der Norm ergebende Konstruktion, sprich als „Fiktion“, eliminiert Kelsen das Subjekt als eigenständige Entität. Damit gibt es keinen wesentlichen Unterschied zwischen dem Verhalten von Subjekten der Rechtspflicht und dem Verhalten von Subjekten der Rechtsanwendung

[151] *Kelsen*, Reine Rechtslehre, 2 Aufl., S. 172 f.
[152] *Kelsen*, Reine Rechtslehre, 1 Aufl. S. 132.
[153] *Kelsen*, Reine Rechtslehre, 1 Aufl., S. 54.
[154] *Kelsen*, Allgemeine Staatslehre, S. 262 ff.
[155] *Kelsen*, Reine Rechtslehre, 2 Aufl., S. 194.

und Normenerzeugung, weil diese Subjekte natürliche Tatsachen und nur ihre Deutungen bzw. die Normen Gegenstand der Rechtswissenschaft sind. In diesem Zusammenhang ergeben sich jedoch neue Fragen. Die Anwendung der Normen ist zweifellos ein juristischer Akt mit objektivem Sinn, welcher aber nicht aus der Zurechnung oder Zuschreibung abgeleitet wird, sondern vorausgesetzt wird. Keine Rechtsnorm beinhaltet eine Pflicht, nach der die Handlungssubjekte garantieren müssen, dass der Sinn ihrer Akte objektiv sei. Diese Frage wird von Kelsen nicht weiter behandelt. Wenn die Rechtsanwendung keine subjektiven Elemente enthält, also das Rechtssubjekt identisch mit dem Normenkomplex ist, kann die Rechtswissenschaft die Differenz zwischen den fiktiven Subjekten natürlich nicht behandeln. Mithilfe der reinen Rechtslehre ist das Problem der vorausgesetzten Objektivität des Handlungssinns unlösbar.

1.3 Zurechnung und Zuschreibung als normativistischer Zusammenhang

1.3.1 Wandlung des Begriffs der Zurechnung

Kelsen verwendet den Ausdruck „Zurechnung" innerhalb seines Werkes nicht einheitlich. In verschiedenen Phasen seiner Rechtstheorie[156] wandelt sich nicht nur der Begriff der Zurechnung, sondern auch seine Bezeichnung. Zu Beginn bestimmt Kelsen den Begriff unpräzise. In *Hauptprobleme der Staatsrechtslehre* von 1911 verwendet Kelsen den Begriff der Zurechnung zunächst einheitlich.[157] Danach ist die Zurechnung einerseits eine grammatische, durch das Sollen hergestellte „Verbindung, die zwischen den innerhalb der Norm zusammengefaßten Elementen besteht"[158], wo-

[156] Aufbauend auf Paulsons Theorie unterscheidet Heidemann vier Phasen der Normentheorie Kelsens. Sie lauten: (1) eine „konstruktivistische" Phase bis ca. 1915, (2) eine „transzendentalphilosophische" Phase bis ca. 1935, (3) eine „realistische" Phase bis Anfang der sechziger Jahre und (4) eine bis zu Kelsens Tod im Jahre 1973 andauernde „sprachanalytische" Phase. Vgl. *Heidemann*, Die Norm als Tatsache S. 19, 23, 43, 103, 159. Auch *Paulson*, Four Phases in Kelsen´s Legal Theory? Reflections on a Periodization, S. 153-166.
[157] *Kelsen*, Hauptprobleme der Staatsrechtslehre. Auch *Renzikowski*, Der Begriff der „Zurechnung" in der Reinen Rechtslehre Hans Kelsens, S. 254.
[158] *Kelsen*, Hauptprobleme der Staatsrechtslehre, S.71.

nach die Bedingungen und die Rechtsfolge miteinander verknüpft werden. Zum anderen ist die Zurechnung eine „auf Grund der Norm vorgenommene Verknüpfung zwischen einem Seinstatbestande und einem Subjekte“[159]; nach dieser Definition werden das Normsubjekt und Normobjekt miteinander verbunden. Kelsen differenziert die beiden Verwendungen des Begriffs in seinem späteren Werk: die periphere und die zentrale Zurechnung. „Die periphere Zurechnung führt von einem Tatbestand immer nur zu einem anderen Tatbestand“.[160] Sie konstituiert die generelle Rechtsnorm und den Rechtssatz dadurch, dass die Rechts-/Unrechtsfolge der Rechtsbedingung zugerechnet wird. Dagegen führt die zentrale Zurechnung von einem Tatbestand zu einer juristischen Person.[161] In der Spätphase bezeichnet Kelsen die zentrale Zurechnung als Zuschreibung.[162] Aber in die Differenzierung zwischen Zurechnung und Zuschreibung wird jene Unterscheidung ohne größere Änderungen aufgenommen.

Die Analyse der Wandlung des Zurechnungsbegriffs ist der Darlegung dieses Analyseteils förderlich. Ziel der folgenden Überlegung ist, durch die Darlegung der Zurechnung und Zuschreibung, Kelsens Auffassung der Rechtsanwendung zu skizzieren.

1.3.2 Die Zurechnung in der Rechtsanwendung

1.3.2.1 Der Dualismus von Zurechnung und Kausalität

In Anknüpfung an den Neukantianismus gewinnt Kelsen die Einsicht, dass die Rechtswissenschaft eine Normwissenschaft ist. Sie befasst sich mit Normen und Rechtssätzen, deren Eigengesetzlichkeit ein Sollen ist. Unter dem Sollen versteht Kelsen ein formales Verknüpfungselement zwischen zwei Tatbeständen in der Form

---

[159] *Kelsen*, Hauptprobleme der Staatsrechtslehre, S.72.
[160] *Kelsen*, Allgemeine Staatslehre, S. 65.
[161] *Kelsen*, Allgemeine Staatslehre, S. 65. *Ders*, Reine Rechtslehre, 1 Aufl., S. 22.
[162] Vgl. *Kelsen*, Reine Rechtslehre, 2 Aufl., S. 154.

einer Zurechnung, die durch einen menschlichen Willensakt geschieht.[163] Im Unterschied dazu gehört die Naturwissenschaft zum Sein, also zur Tatsachenwelt. Unter dem Naturgesetz sind die Tatsachen nach dem Kausalprinzip miteinander verknüpft, während es bei den Rechtsnormen um eine Gesetzmäßigkeit des Sollens handelt.

Der Begriff der Zurechnung ist ein Parallelbegriff zur Kausalität. Der wichtigste Unterschied zwischen beiden liegt darin, dass die Zurechnung eine normative Beziehung bezeichnet.[164] Sie ist „die normative Verknüpfung zweier Tatbestände“[165]. Durch die Rechtsnorm, die von der Rechtsautorität gesetzt wird, wird die Beziehung zwischen dem Unrecht und der Unrechtsfolge hergestellt. Eine Unrechtsfolge oder Sanktion soll eintreten, wenn ein Unrecht begangen wird. Als eine zur Kausalität analoge Urteilsform bezieht die Zurechnung sich auf ein hypothetisches Urteil, in dem die bestimmte Rechtsfolge auf ihre Rechtsbedingung zurückgeführt wird.[166] Das Rechtsgesetz hat damit die Form: „Wenn A ist, so soll B sein“. Dagegen sagt das Naturgesetz: „Wenn A ist, so muss B sein“.[167] Das Naturgesetz ist ein Kausalitätszusammenhang, in dem eine Ursache einer Wirkung zugeordnet wird. Die kausale Verknüpfung ist unabhängig vom menschlichen Willen. Sie beschreibt eine Gesetzmäßigkeit des Seins.

1.3.2.2 Die Zurechnung als Verfahrensweise der Jurisprudenz

Kelsen unterscheidet die Rechtsnorm vom Rechtssatz. Er betont: „It is of the utmost importance to distinguish clearly between the legal norms, products of the law-creating process, which are the object of jurisprudence, and the statements of jurisprudence.“[168] Die Rechtsnormen sind von den Rechtsautoritäten gesetzt. Je nach ihrem Sinne sind sie Erlaubnisse, Ermächtigungen, Gebote und als solche Befehle,

---

163 *Kelsen*, Reine Rechtslehre, 2 Aufl., S. 93 ff.
164 *Kelsen*, Reine Rechtslehre, 2 Aufl., S. 94.
165 *Kelsen*, Reine Rechtslehre, 2 Aufl., S. 154 Fn.*).
166 *Kelsen*, Reine Rechtslehre, 1 Aufl., S. 22.
167 Beide Ausführungen aus: *Kelsen*, Reine Rechtslehre, 1 Aufl., S. 23.
168 *Kelsen*, General Theory of Law and State, S. 163.

Imperative.[169] Sie schreiben etwas vor, das von den Rechtssubjekten befolgt werden soll. Die Rechtsätze werden dagegen von Rechtswissenschaftlern formuliert. Sie sind Urteile oder Aussagen über die Norm; in ihnen wird die Norm als ein der Erkenntnis gegebener Gegenstand beschrieben. Die Rechtsätze haben eine rein deskriptive Bedeutung. Im Unterschied zu den von der Rechtsautorität gesetzten Sollnormen, die gültig oder ungültig sind, sind die von Rechtswissenschaftlern beschriebenen Sätze nur wahr oder nicht wahr. Durch die Beschreibung der Geltung einer Rechtsnorm können die Rechtswissenschaftler das Recht nicht beeinflussen.[170]

Im Vergleich zu den Naturgesetzen sind Rechtsnormen und Rechtsätze Sollsätze. Die von ihnen hergestellte Verknüpfung wird durch die Kopula „soll" ausgedrückt.[171] „Aber das Sollen des Rechtssatzes hat nicht, wie das Sollen der Rechtsnormen, einen vorschreibenden, sondern einen beschreibenden Sinn."[172] Die Rechtsnorm sei der objektive Sinn eines intentional auf das Verhalten anderer gerichteten Aktes.[173] Somit wird sie als ein konkretes, objektives, präskriptives Sollen auf der Gegenstandsebene beschrieben. Demgegenüber ist das deskriptive Sollen im Rechtssatz ein Sollen auf der Erkenntnisebene.[174] Als Positivist unterscheidet Kelsen die geltenden Rechtsnormen von den beschreibenden Rechtssätzen danach, ob die Rechtsstäbe das Recht autoritativ erzeugen können und ob sie den Rechtssubjekten verpflichtende und berechtigende Sollnormen setzen können.

Entsprechend der unterschiedlichen Kategorien der Rechtserzeugung als Rechtsnorm durch den Gesetzgeber oder Richter und der Rechtsbeschreibung als Rechtssatz durch den Rechtswissenschaftler bestimmt Kelsen die Zurechnung als Verfahrensweise der Jurisprudenz in zweierlei Weise: Zurechnung als logische Struktur der Rechtsnorm und Zurechnung als Beschreibung der Struktur der Rechtsnorm.[175]

---

[169] *Kelsen*, Reine Rechtslehre, 2 Aufl., S. 73.
[170] *Kelsen*, Reine Rechtslehre, 2 Aufl., S. 75 f.
[171] *Kelsen*, Reine Rechtslehre, 2 Aufl., S. 81.
[172] *Kelsen*, Reine Rechtslehre, 2 Aufl., S. 77.
[173] *Kelsen*, Reine Rechtslehre, 2 Aufl., S. 4.
[174] *Heidemann*, Die Norm als Tatsache, S 115 ff.
[175] *Pohlmann*, Zurechnung und Kausalität, S. 110.

Die erste ist die Zurechnung als logische Struktur der Rechtsnorm. Als Sinn einer Äußerung des Normsetzers ist die Rechtsnorm ein präskriptiver Gehalt. Nach Kelsen können nicht nur die Gesetzgeber, sondern auch die Richter eine Rechtsnorm erlassen. Die Zurechnung innerhalb der Rechtserzeugung betrifft die Normen, durch die der Zurechnungszusammenhang zwischen einem bestimmten menschlichen Verhalten und der rechtlichen Sanktion hergestellt wird.[176] Sie kann orientiert an den Normenanwendern weiter in abstrakte und konkrete Zurechnung unterteilt werden. Die von Gesetzgebern gesetzten Normen sind generelle Normen. Unter einer generellen Norm wird dabei eine Norm verstanden, die sich auf eine von vornherein unbestimmte Zahl von Handlungen oder Unterlassungen bezieht. Sie ist gegeben, „wenn ein generell bestimmtes Verhalten als gesollt gesetzt ist“[177]. Die generelle Norm in allgemeiner Form enthält die Zurechnung der Sanktion zum Delikt. Durch sie wird ein abstrakter Funktionszusammenhang ausgesagt.[178] Auf dieser Ebene bleibt die Zurechnung also abstrakt.

Die konkrete Zurechnung manifestiert sich in einer individuellen Norm als im Urteil des Richters enthalten. Gegenüber der generellen Norm bezieht sich die individuelle Norm auf ein einmaliges bestimmtes Verhalten. Sie ist der Sinn eines Willensaktes, der zwischen der Geltung der generellen Norm und der Geltung der ihr entsprechenden individuellen Norm liegt. Der Richter wendet die generelle Norm als Deutungsschema dadurch an, dass er die Rechtsbedingung auf ein konkretes Geschehen bezieht. In einem richterlichen Urteil verknüpfen die Richter eine Bedingung und eine Rechtsfolge normativ miteinander, bzw. rechnen einem konkreten Delikt eine konkrete Sanktion zu. Bei dieser Anwendung oder Rechtssetzung der Norm muss der Richter durch eine höhere Norm ermächtigt sein, dies aber ist eine Frage der Zuschreibung.

[176] *Kelsen*, Reine Rechtslehre, 2 Aufl., S. 110.
[177] *Kelsen*, Allgemeine Theorie der Normen, S. 6.
[178] *Kelsen*, Reine Rechtslehre, 2 Aufl., S. 84.

Die zweite Art der Zurechnung ist die Zurechnung als Beschreibung der Struktur der Rechtsnorm. Die Rechtssätze sind beschreibende Aussagesätze über das Recht. Als Sollsätze mit rein deskriptiver Bedeutung werden sie von den Rechtswissenschaftlern formuliert, um das Recht darzustellen. „In der Beschreibung einer normativen Ordnung des gegenseitigen Verhaltens von Menschen kommt jenes andere, von der Kausalität verschiedene Ordnungsprinzip zur Anwendung, das als Zurechnung bezeichnet werden kann.“[179] Die Zurechnung, bei der die Rechtswissenschaftler eine Bedingung und eine Rechtsfolge miteinander verknüpfen, kann niemanden und zu nichts verpflichten oder berechtigen.

1.4 Kritik an der rein objektiven Rechtsanwendung Kelsens

Die Rechtswissenschaft hat keine Handlung, sondern ihren Sinngehalt zum Gegenstand. Die Rechtsordnung wird bei Kelsen als ein formales dynamisches Normensystem betrachtet. Mit der Zurechnung und Zuschreibung wird eine Transformation vom Sein zum Sollen, von empirischer Tatsache zum normativen Sinn realisiert. Eine Norm gilt nicht kraft ihres Inhaltes. Durch ihre Erzeugung auf eine bestimmte Weise lässt sie sich auf einen Geltungsursprung bzw. auf eine höhere Norm zurückführen. Die Grundnorm ist die oberste Norm und letzte Erzeugungsquelle im Stufenbau des Rechts. Kelsen entwirft ein modales Normensystem.

„Die Haltung der Reinen Rechtslehre ist dagegen eine durchaus objektivistisch-universalistische. Sie geht grundsätzlich auf das Ganze des Rechts in seiner objektiven Geltung und sucht jedes Einzelphänomen nur im systematischen Zusammenhang mit allen anderen, in jedem Rechtsteil die Funktion des Rechtsganzen zu erfassen.“[180] Kelsens Rechtssystem ist ein theoretisches, autarkes System. Die Rechtsanwendung in der Reinen Rechtslehre ist rein objektiv. Kelsen erforscht den rechtlichen Sinn und seine logischen Zusammenhänge. Die rechtlichen Personen in

[179] *Kelsen*, Reine Rechtslehre, 2 Aufl., S. 79.
[180] *Kelsen*, Reine Rechtslehre, 2 Aufl., S. 195.

der Sinneswelt sind nicht natürliche, sondern gedachte Fiktionen. Anderes gesagt, im modalen Rechtssystem wird ein abstraktes Subjekt vorausgesetzt, welches insofern ideal ist, als es vernünftig Normen befolgen und anwenden kann. Aufgrund dieser Voraussetzung und auch wegen ihres abstrahierenden Charakters soll die Rechtsanwendung Kelsens als subjektlos bezeichnet werden. Sie ist nicht praktisch, sondern rein theoretisch, weil keine absolute Moralität und Vernunft in der Praxis vorliegen. Dabei hält Kelsen den Begriff der praktischen Vernunft für widerspruchvoll und logisch unhaltbar[181]. Die praktische Vernunft sei nichts anderes als eine psychologische Wirkung. In der Reinen Rechtslehre ist die Rechtsanwendung insofern rein objektiv.

In Hinblick auf die Rechtsanwendung ohne Subjektivität ergeben sich jedoch zwei Probleme. Das erste ist die (angenommene) Objektivität der Zurechnung. Die Kategorie der peripheren Zurechnung dient in der Reinen Rechtslehre dazu, die Eigenständigkeit der Rechtswissenschaft zu etablieren. Sie verknüpft die Rechtsbedingung mit der Rechtsfolge, um dann die Rechtsnormen als Sollsätze zu konstituieren. Die periphere Zurechnung als ein Übergang vom Sein zum Sollen kann in gewissem Maße als ein Prozess der Rechtsanwendung erachtet werden. Sie wird in folgender klassisch logischer Form ausgedrückt:

(1) $(x)\,(Tx \rightarrow ORx)$

(2) $(x)\,(M^1x \rightarrow Tx)$

(3) $(x)\,(M^2x \rightarrow M^1x)$

.

.

.

(n + 2) $(x)\,(Sx \rightarrow M^nx)$

(n + 3) Sa

(n + 4) ORa (1) - (n + 3)[182]

---

[181] *Kelsen*, Das Problem der Gerechtigkeit, in: *ders.* Reine Rechtslehre, 2 Aufl., S. 415, 419. Siehe auch *Alexy*, Eine diskurstheoretische Konzeption der praktischen Vernunft.

[182] *Alexy*, On Balancing and Subsumption. A Structural Comparison, S. 433 f.; Auch *ders.* Theorie der juristischen Argumentation, S. 274 ff.

(1) beschreibt eine generelle Norm, wobei das Prädikat „*T*" die Rechtsbedingung und das Prädikat „*R*" die Rechtsfolge bezeichnet. Die Prämissen (2) bis (n + 2) entsprechen dem Vorgang der Interpretation durch das Rechtsorgan, besonders durch den Richter. Durch (n + 3) wird der Sachverhalt beschrieben. Aus den Prämissen (1) bis (n + 3) folgt die Konklusion (n + 4), also die konkrete Rechtsfolge *ORa*. Aus der logischen Form der Zurechnung ist es leicht zu erkennen, dass eine konkrete Rechtsfolge aus der generellen Norm und der Sachverhaltsbeschreibung nicht ableitbar ist. Die Interpretation und Identifizierung der Rechtsnormen, die ausschließlich durch handelnde Subjekte vorgenommen wird, können die subjektiven Elemente nicht vermeiden. Die reine Objektivität der Rechtsanwendung bei Kelsen ist somit fragwürdig.

Das zweite Problem in Bezug auf die Rechtsanwendung ohne Subjektivität besteht darin, dass die Entpersonalisierung oder die Abstraktion von den Handlungssubjekten in gewissem Maße den Begriff der Amtspflicht und der Pflicht von verschiedenen Subjekten miteinander vermischt. Die Rechtstheorie Kelsens kann als subjektlos bezeichnet werden. Nach seiner Auffassung ist die Rechtswissenschaft eine rein theoretische Wissenschaft. Die natürlichen Menschen als empirische Subjekte bleiben damit außer Betracht. Mit der Abstraktion von den Aktsubjekten, die aus den Handlungs-, Erzeugungs- und Anwendungssubjekten bestehen, werden die gedachten Subjekte in der Reinen Rechtslehre vorausgesetzt. Die Fiktion der Personen ist allenfalls als gedankliches Hilfsmittel der Rechtserkenntnis anzusehen.[183] Die Personen üben keinen Einfluss auf die normative Rechtsordnung aus. Durch die Entpersonalisierung wird die reine Objektivität des Rechts bewahrt.

In der juristischen Praxis gibt es zwei Gruppen der empirischen juristischen Subjekte: die Subjekte der Rechte und Pflichten und die Subjekte der Normensetzung und Normenanwendung. Kelsen bezeichnet sie als Rechtssubjekte und Subjekte der Rechtsmacht. Sie sind die Träger wesentlich verschiedener Berechtigungen. Aus dem

[183] *Kelsen*, Allgemeine Staatslehre, S. 67.

Vorgang der Zurechnung und Zuschreibung folgt aber nicht die Differenz der beiden Subjekte. Die Rechtsordnung ist ein Normensystem, das die Kompetenznormen und die Normen der Rechte und Pflichten enthält. Wenn diese Unterscheidung übersehen würde, könnte man die Normen der Gewaltentrennung nicht auslegen, und auch die materiellen Rechtsnormen und die Normen der Verfahren könnten nicht eindeutig identifiziert werden. In Kelsens Ermächtigungssystem ist der Staat das vorausgesetzte Subjekt, nicht aber der Bürger. Sein Rechtssystem kann demzufolge an diesem Punkt nicht zwischen der Staatsgewalt und den Grundrechten unterscheiden.

2 Die Anwendung der Rechtsnorm als Regeln bei Hart

2.1 Einleitung

Hart gilt als einer der einflussreichsten Rechtsphilosophen des 20. Jahrhunderts. Unter dem Einfluss der analytischen und linguistischen Philosophie entwickelte er eine modernisierte Fassung des Rechtspositivismus. In seinem Hauptwerk „*The Concept of Law*“, das Dworkin als „a paradigm for jurisprudence…“[184] bezeichnet, wird die Hartsche analytische Jurisprudenz erläutert. Um die Frage, was das Recht ist, zu beantworten, verneint Hart vor allem die Imperativentheorie des Rechts. Er kritisiert Austins Rechtsbegriff als mangelhaft, weil er durch „use of the notion of orders backed by threats“[185] definiert wird, was theoretisch auch auf den Befehl eines bewaffneten Räubers (gunman) zutreffen würde. In der Imperativentheorie, in der die Gewalt als eine Kernkomponente des Rechts hervorgehoben wird, berücksichtigen die Beobachter nur den externen Standpunkt, das interne Element des Rechts wird ignoriert. Nach Hart liegt der Fehler der Imperativentheorie darin, dass die Befolgung der Rechtsregeln nicht dem gewohnheitsmäßigen Gehorsam (habit of obedience)[186]

[184] *Dworkin*, Hard Cases, S. 1057.
[185] *Hart*, The Concept of Law, S. 23.
[186] *Hart*, The Concept of Law, S. 50.

gleichgesetzt ist. Hart unterscheidet die bloß zwingende Verpflichtung von der rechtlichen Verpflichtung, indem er die Redewendungen „to be obliged“ und „to have an obligation“[187] differenziert. Im ersten Fall manifestiert sich, dass es zwingend ist, etwas zu tun, um böse Folgen zu vermeiden, so wie man beispielsweise unter der Bedrohung durch einen Räuber sein Geld hergibt. Dieser Befehl hat keine Kontinuität. Er betrifft den externen Aspekt. Im zweiten Fall weist die rechtliche Verpflichtung auf eine äußere, objektive Pflicht hin. Diese wird von Rechtsregeln auferlegt. Die Handlungssubjekte akzeptieren die aus einer Verpflichtung stammende Restriktion unter dem internen Aspekt.

Zur Korrektur von Austins Rechtstheorie entwickelte Hart die Idee der sozialen Regeln. Demnach sind Rechtsregeln soziale Regeln. Die sozialen Regeln manifestieren sich im internen Aspekt, der von Hart folgendermaßen dargestellt wird: “What is necessary is that there should be a critical reflective attitude to certain patterns of behaviour as a common standard, and that this should display itself in criticism (including self-criticism), demands for conformity, and in acknowledgements that such criticism and demands are justified, all of which find their characteristic expression in the normative terminology of ‘ought’, ‘must’, and ‘should’, ‘right’ and ‘wrong’. ”[188] Obwohl soziale Regeln auch einen “external aspect which it shares with a social habit and which consists in the regular uniform behaviour which an observer could record”[189] haben, halten diejenigen, die den internen Aspekt der sozialen Regeln adoptieren, diese Regeln für Gründe oder für Berechtigungen des Verhaltens oder der Kritik des Verhaltens. Deshalb können soziale Regeln normativ sein. Der interne Aspekt ist maßgebend für die Unterscheidung zwischen sozialen Regeln und dem bloß gewohnheitsmäßigen Gehorsam. Im Kontrast zum Gehorsam beim Zwang verlangt der Hartsche Rechtsbegriff, die Autorität freiwillig zu akzeptieren.

---

[187] Beide Anführungen siehe: *Hart*, The Concept of Law, S. 82 f.
[188] *Hart*, The Concept of Law, S. 57.
[189] *Hart*, The Concept of Law, S. 56.

Die Grundidee der Hartschen Rechtstheorie ist, dass das Rechtssystem nicht nur Regeln beinhaltet, sondern sich auch auf ihnen gründet. Als soziale Regeln sind Rechtsregeln und Moralregeln „[...]peremptory reasons [for action]“[190], die mit „obligations“ oder „duties“ verbunden sind. Die beiden Regelarten unterscheiden sich lediglich dadurch, dass Rechtsregeln aus Primärregeln und Sekundärregeln bestehen. Der Zusammenhang der Primärregeln und Sekundärregeln zeigt die systematische Eigenschaft der Rechtsregeln auf. Besonders durch die Sekundärregeln versucht Hart, die Moral oder die Subjektivität aus dem Recht zu beseitigen.

2.2 Das Rechtsystem als Gesamtheit von Regeln

2.2.1 Interner und Externer Aspekt

Der Unterschied zwischen dem internen und externen Aspekt der Regeln besitzt „great importance for the understanding not only of law but of the structure of any society“[191]. Nach Hart beinhaltet der Begriff des Rechts nicht nur die Konvergenz des Verhaltens, sondern auch die Konvergenz der Einstellungen (attitudes). An die Tatsache, dass eine soziale Gruppe gewisse Verhaltensregeln besitzt, knüpft er verschiedene Aussagen. Mit diesen Regeln kann man sich entweder bloß als Beobachter oder auch als Mitglied der Gruppe befassen. Ein Beobachter nimmt einen externen Standpunkt ein und erkennt für sich selbst die Regeln der Gruppe nicht an. Indes erkennen die der Gruppe zugehörigen Personen von ihrem internen Standpunkt aus die Regeln für sich an und lassen sich in ihrem Verhalten von ihnen leiten. Hart beschreibt die soziologischen und psychologischen Wesensmerkmale der sozialen Regeln sowohl im Hinblick auf ihre internen als auch auf ihre externen Elemente, um sie vollständig darzustellen.

---

[190] *Hart*, Commands and Authoritative Legal Reasons, in: Essays on Bentham, S. 254; siehe auch *Shapiro*, On Hart´s Way Out, S. 492.
[191] *Hart*, The Concept of Law, S. 89.

Der wichtigste Unterschied zwischen dem Recht und dem gewohnheitsmäßigen Gehorsam ist, dass letzterer nur unter dem externen Aspekt steht. Der externe Aspekt einer sozialen Regel bezieht sich auf ein beobachtbares Muster des menschlichen Verhaltens. Er besteht in einem übereinstimmenden regelmäßigen äußeren Verhalten einer sozialen Gruppe. Hart illustriert den externen Aspekt mittels des Beobachters der Gemeinschaft. Ein Beobachter erkennt die Regeln, akzeptiert sie jedoch nicht. Die Notwendigkeit der Regeln verbindet sich nicht mit seiner inneren Überzeugung. Er richtet seine Aufmerksamkeit nur dann auf die Regeln, wenn er vermutet, dass dem Verstoß gegen sie unangenehme Konsequenzen folgen. Dann charakterisiert er seine Position durch Sätze wie „I was obliged to do it" oder „I am likely to suffer for it if...". Niemals jedoch wird er sich so ausdrücken: „I had an obligation" oder „You have an obligation".[192] Das soziale Verhalten wird mit der Betrachtung der Einstellungen von Gruppengliedern beschrieben. Das Recht wird unter einem „insider´s point of view" beschrieben. Nach Hart kann der externe Standpunkt auch als hermeneutischer Standpunkt bezeichnet werden.[193] „Hermeneutisch" bezieht sich in diesem Kontext auf die Interpretation der Urteile vom Standpunkt derjenigen Personen aus, die zwar eine Meinung ausbilden, aber nicht das Verhalten auf der Außenseite prüfen. Darüber hinaus gibt es außerdem einen extremen externen Standpunkt,[194] unter dem der Beobachter die Regeln lediglich als regelmäßiges Verhalten sieht, das aber nicht gedeutet wird. Hart zufolge wird das Verhalten bei dieser Betrachtungsweise nicht in der Regelhaftigkeit seines Lebens und in Begriffen von Gewohnheit, Regel oder

[192] *Hart*, The Concept of Law, S. 90.

[193] *MacCormick*, H. L. A. Hart, S. 29, 32. In seinem Frühwerk *Essays in Jurisprudence and Philosophy* beschreibt Hart seinen methodologischen Forschungsansatz als „hermeneutisch: *Hart*, Essays in Jurisprudence and Philosophy, S. 14 f. Nach MacCormick ist die Hartsche Unterscheidung zwischen dem internen und externen Aspekt nicht vollständig. (*MacCormick*, H. L. A. Hart, S. 33 ff.); Shapiro unterscheidet die Standpunkte (points of view) zuerst als praktisch und theoretisch. Beide können weiter unterschieden werden. Der praktische Standpunkt besteht aus „Acceptance" und „Nonacceptance", während der theoretische Standpunkt aus „Hermeneutic" und „Behavioristic" besteht. „Acceptance" gehört zum internen Aspekt und „Nonacceptance", „Hermeneutic" und „Behavioristic" gehören zum exterenen Aspekt. Vgl. weiter: *Shapiro*, What is the Internal Point of View, S. 1158 ff.

[194] *Hart*, The Concept of Law, S. 89.

Pflicht beschrieben, sondern „it will be in terms of observable regularities of conduct, predictions, probabilities, and signs“[195].

Der Kern des Begriffs der sozialen Regeln Harts besteht in der Idee vom internen Standpunkt, „[…] that [is] of a participant in such practice who accepts the rules as guides to conduct and as standards of criticism“.[196] Ein interner Aspekt liegt nur vor, wenn die Menschen als Mitglieder einer Gruppe die Regeln als Standards ihrer sozialen Handlungen anerkennen. Hart hält die Akzeptanz der sozialen Regeln für ein Verhaltensmuster, das „as a general standard to be followed by the group as a whole“[197] ist. Der interne Aspekt zählt zu seinen wesentlichen Beiträgen zur Rechtstheorie. Durch sein internes Element ist das Recht in Bezug auf die Sanktion nicht nur drohend, lenkend oder voraussagend, sondern vielmehr auch verpflichtend (obligation imposing). Ausgehend von der Kritik der Imperativentheorie möchte Hart eine allgemeine Rechtstheorie entwickeln. Shapiro fasst die Rollen des internen Aspekts in Harts Rechtstheorie zusammen: „(1) It specifies a particular type of motivation that someone may take towards the law; (2) it constitutes one of the main existence conditions for social and legal rules; (3) it accounts for the intelligibility of legal practice and discourse; (4) it provides the basis for a naturalistically acceptable semantics for legal statements.“[198] Daraus folgt: „[S]anction-centered theories are unacceptable for three reasons: (1) They are myopic in that they ignore or obscure one of the motivations that people might have for obeying the law; (2) they are unable to account for the existence of legal systems; (3) they cannot account for the intelligibility of legal practice and discourse.“[199]

Durch den internen Aspekt unterscheidet Hart Gewohnheiten von sozialen Regeln. Erstere stehen nur unter dem externen Aspekt, während letztere sowohl den externen als auch den internen Aspekt aufweisen. Die Existenz des internen Aspekts garantiert die Existenz aller Rechtsregeln. In diesem Zusammenhang stellt sich jedoch

---

195 *Hart*, The Concept of Law, S. 89.
196 *Hart*, The Concept of Law, S. 255.
197 *Hart*, The Concept of Law, S. 56.
198 *Shapiro*, What is the Internal Point of View, S. 1158.
199 *Shapiro*, What is the Internal Point of View, S. 1158.

die Frage, ob neben den Rechtsregeln auch Moralregeln als soziale Regeln gelten können. Moralregeln sind insofern sozial, als dass sie innerhalb eines sozialen Kontextes entstehen, auf die soziale Aktivität angewandt werden und schließlich soziale Konsequenzen haben. Der Hauptunterschied zwischen der Moral und dem Recht ist, dass das Recht eine systematische Qualität hat. Um die beiden Arten der sozialen Regeln zu unterscheiden, erklärt Hart das Recht als ein normatives System, das aus primären und sekundären Regeln besteht.

2.2.2 Recht als Verbindung von Primärregeln und Sekundärregeln

Hart zufolge ist das Recht ein empirisch-soziales Regelsystem, das aus Primärregeln und Sekundärregeln besteht. Primärregeln regeln das Verhalten der Akteure. Sie statuieren Gebote und Verbote. Sekundärregeln sind soziale Regeln, die Menschen private oder öffentliche Machtbefugnisse verleihen. Mit ihnen werden alte Primärregeln geändert oder neue Primärregeln aufgestellt. Die beiden Regeln verflechten sich miteinander und bilden das Rechtssystem. Die Kombination der Primärregeln und Sekundärregeln ist „the key to the science of jurisprudence“[200].

2.2.2.1 Primärregeln

Primärregeln sind soziale Verpflichtungsregeln (duty-imposing), die die Menschen zu einem bestimmten Verhalten verpflichten.[201] Sie legen fest, was die Menschen tun oder nicht tun sollen, ohne Rücksicht auf den Willen der betroffenen Personen. Primärregeln schaffen die Rechtspflicht, welche die Mitglieder einer Gemeinschaft aufgefordert werden einzuhalten. Sie werden mit der Androhung der Sanktion versehen, die darauf zielt, auf ein verbotenes Verhalten zu verzichten. Deswegen weisen sie zumindest eine Analogie zu einem allgemeinen Befehl unter Zwangsandro-

[200] *Hart*, The Concept of Law, S. 81.
[201] *Hart*, The Concept of Law, S. 81, 117.

hung im Sinne Austins auf. Typische Primärregeln sind die Normen des Strafrechts. Ein nur Primärregeln enthaltendes Regelsystem ist kein entwickeltes Rechtssystem.

Man stelle sich eine primitive Gemeinschaft vor, in der es keine Legislative, keine Gerichte und keine Beamten gibt. Die einzige soziale Kontrolle besteht dann darin, dass es eine allgemeine Gruppeneinstellung gibt, sich den Verhaltensstandards entsprechend zu verhalten. In dieser Gemeinschaft gibt es Verpflichtungsregeln nur, wenn sie von den meisten Gruppengliedern als Handlungsstandards akzeptiert werden. Das Gewicht und die Autorität werden durch den Konsens gegeben. Die Geltung dieser Regeln hängt von dem internen Aspekt der Gruppeglieder ab. Einem Verstoß gegen diese Regeln folgt der soziale Druck. Hart stellt heraus, dass ein auf Primärregeln beschränktes Regime an drei Mängeln leidet:

(1) Die Unbestimmtheit.[202] Es gibt kein Kriterium, nach dem sich feststellen lässt, ob eine Rechtsregel in Kraft ist, und wie die Rechtsregeln von anderen Standards, zum Beispiel von Moralregeln und Gewohnheiten, zu unterscheiden ist.

(2) Der statische Charakter der Regeln.[203] Es ist unmöglich, durch einen Willensakt neue Regeln einzuführen oder alte Regeln aufzuheben.

(3) Die Ineffizienz.[204] Es gibt keine Instanzen, die autoritär und endgültig darüber entscheiden, ob ein Verhalten eine Regel verletzt. Somit bleibt es dem verletzten Individuum überlassen, die Zwangsmaßnahmen auszuführen.

Um die Mängel zu beseitigen, führt Hart Sekundärregeln ein.

---

[202] *Hart*, The Concept of Law, S. 92.
[203] *Hart*, The Concept of Law, S. 92 f.
[204] *Hart*, The Concept of Law, S. 93 f.

2.2.2.2 Sekundärregeln

Sekundärregeln sind Regeln, die Macht übertragen (power-conferring).[205] Während Primärregeln sich darauf beziehen, was die Individuen tun oder nicht tun dürfen, beschäftigen sich Sekundärregeln mit den Primärregeln. „They specify the ways in which the primary rules may be conclusively ascertained, introduced, eliminated, varied, and the fact of their violation conclusively determined.“[206] Sie sind Regeln über Regeln. Mithilfe von Sekundärregeln wird die Befugnis verliehen, eine neue primäre Regel zu erlassen oder zu ändern, oder einen Rechtsbrecher zu bestrafen. Sekundärregeln lassen sich nach Hart wiederum in drei Unterformen einteilen: die Anerkennungsregel (rule of recognition)[207], mit der das Problem der Unbestimmtheit beseitigt wird; die Änderungsregeln (rules of change)[208], mit denen die statische Qualität verändert wird; und die Entscheidungsregeln (rules of adjudication)[209], mit denen die Ineffizienz behoben wird.

Die Anerkennungsregel ist „the foundation of a legal system“[210], da sie darüber entscheiden soll, welche Regeln innerhalb eines Rechtssystems gültig sind. Sie ist die schlüssige Identifizierung der primären Verpflichtungsregeln, weil die Kriterien der Geltung der Regeln im Rechtssystem von ihnen präzisiert werden. „To say that a given rule is valid is to recognize it as passing all the tests provided by the rule of recognition and so as a rule of the system.“[211] Die Anerkennungsregel ist damit „ultimate“. Ihre Geltung leitet sich nicht aus anderen Regeln ab; umgekehrt leitet die Geltung aller Regeln des Rechtssystems sich mittelbar oder unmittelbar von ihr ab. Als Teil des Rechtssystems wird sie als empirische Tatsache akzeptiert.

Die zweite Art der Sekundärregeln sind Änderungsregeln. Mit der Einführung der Änderungsregeln wird dem statischen Charakter der Primärregeln abgeholfen. Sie

---

205 *Hart*, The Concept of Law, S. 81.
206 *Hart*, The Concept of Law, S. 94.
207 *Hart*, The Concept of Law, S. 94.
208 *Hart*, The Concept of Law, S. 95.
209 *Hart*, The Concept of Law, S. 97.
210 *Hart*, The Concept of Law, S. 148.
211 *Hart*, The Concept of Law, S. 103.

ermächtigen eine Person oder eine Institution, die primären Verhaltensregeln zu ändern, aufzuheben oder neue Verhaltensregeln einzuführen. Änderungsregeln bestimmen auch das Verfahren der Veränderung von Rechtssätzen.

Schließlich sind es die Entscheidungsregeln, die das Problem der Ineffizienz lösen. Entscheidungsregeln dienen der Durchsetzung der primären Regeln. Sie „empowering individuals to make authoritative determinations of the question whether, on a particular occasion, a primary rule has been broken."[212] Durch die Erteilung der Befugnis einer bestimmten Institution wird das Recht angewandt. Entscheidungsregeln erklären das Verfahren der Rechtsanwendung. Zu ihnen rechnet Hart vornehmlich die Bestimmungen über das gerichtliche Erkenntnisverfahren.

2.3 Objektivität und Subjektivität in der Regelanwendung

2.3.1 Einführung der Sekundärregeln als Objektivierung der Regelanwendung

Nach Hart ist das Rechtssystem ein Regelsystem.[213] Als Rechtspositivist vertritt er eine Trennung von Recht und Moral. Die objektive Rechtsanwendung betrachtet er in gewissem Maße als eine Regelanwendung ohne moralische Elemente. Hier spielt die Klassifizierung der Primärregeln und Sekundärregeln eine zentrale Rolle. In „*The Concept of Law*" stellt Hart vor allem eine fiktive primitive Gemeinschaft dar, in der nicht nur eine Legislative, Gerichte und Beamte fehlen, sondern in der sich auch die unterschiedlichen Arten der sozialen Regeln, wie zum Beispiel Rechtsnormen, Moralregeln und Gewohnheiten, miteinander verflechten. In dieser primitiven Gemeinschaft unterscheiden sich das Recht, die Moral oder andere Standards nicht. Damit ist die Rechtsanwendung in der primitiven Phase eine lediglich subjektive Rechtsanwendung.

---

212 *Hart*, The Concept of Law, S. 96.

213 In *Postscript* nimmt Hart die Kritik Dworkins an, dass er die Normenart der Prinzipien vernachlässigt hat. Während er an seinem rechtspositivistischen Standpunkt festhält, stellt er heraus, dass die Unterscheidung zwischen Regeln und Prinzipien nur gradual ist, und dass die Geltung der Prinzipien durch die Anerkennungsregel identifiziert werden kann. *Hart*, Postscript in the Concept of Law, S. 259 ff.

Nachfolgend führt Hart die Sekundärregeln ein, um das Recht von der Moral zu differenzieren. Wie ist ein positivistisches objektives Rechtssystem möglich? Harts Antwort ist, dass diese Aufgabe mit Hilfe der Sekundärregeln, insbesondere der Anerkennungsregel, bewältigt werden kann. Eine Regel ist nur gültig, wenn sie anerkannt wird, und wenn alle von ihr geforderten Bedingungen erfüllt werden.[214] Mit der Anerkennungsregel werden nicht nur die moralischen Elemente aus dem Recht beseitigt, sondern auch die Geltung bzw. Autorität der Rechtsregeln sichergestellt. In diesem positivistischen, objektiven Regelsystem ist die Rechtsanwendung nicht von der Moral abhängig. Durch die Anerkennungsregel ist es möglich, die Regelanwendung zu objektivieren.

2.3.2 Subjektivität im richterlichen Ermessen

Hart verneint nicht die Subjektivität der Rechtsanwendung unmittelbar. Er zeigt auf, dass die Unsicherheit des Rechts nicht grundlegend beseitigt werden kann. Das Recht besteht aus Regeln. Seine Unsicherheit entspringt wesentlich der Natur der Regeln, die, hier tut sich die erste Problematik auf, durch Sprache ausgedrückt werden. „All rules involve recognizing or classifying particular cases as instances of general terms, and in the case of everything which we are prepared to call a rule it is possible to distinguish clear central cases, where it certainly applies and others where there are reasons for both asserting and denying that it applies. Nothing can eliminate this duality of a core of certainty and a penumbra of doubt when we are engaged in bringing particular situations under general rules. This imparts to all rules a fringe of vagueness or ‚open texture'"[215]. Weil Rechtsregeln generell eng mit der Sprache verbunden sind, ist die Definitivität der Regeln begrenzt.

Die zweite Problematik ergibt sich aus dem Entscheidungsfreiraum, der sich dem Richter innerhalb der Regeln darbietet, und den er mithilfe seines eigenen Ermessens

[214] *Hart*, The Concept of Law, S. 103.
[215] *Hart*, The Concept of Law, S. 123.

(discretion) ausfüllen kann. Die Regeln können entweder erfüllt oder nicht erfüllt werden.[216] Da sie keine Gewichtsdimension aufweisen, können sie nicht gegeneinander abgewogen werden. Wenn es keine bestimmte Regel gibt, um einen Interessenkonflikt zu lösen, liegt dieser Fall daher in der „open texture" des Rechts. „The open texture of law means that there are, indeed, areas of conduct where much must be left to be developed by courts or officials striking a balance, in the light of circumstances, between competing interests which vary in weight from case to case."[217] Trotzdem behauptet Hart, dass Beamte und private Individuen auch durch eindeutig bestimmte Regeln angeleitet werden. Es gebe jedoch keinen Standard oder kein Verfahren, das Ermessen zu prüfen oder zu regulieren. „Here at the margin of rules and in the fields left open by the theory of precedents, the courts perform a rule-producing function".[218] Aufgrund des Fehlens des Prüfverfahrens und Prüfstandards ist die Rechtsanwendung in der „open texture" des Rechts eine subjektive Anwendung.

2.4 Kritik zur Regelanwendung Harts

Die Klassifizierung von Primärregeln und Sekundärregeln zählt zur Grundlage der Rechtstheorie Harts. Sekundärregeln als Metaregeln fördern die Rationalisierung, Unabhängigkeit und Systematisierung des Rechts. Als die höchste (ultimate) Regel im Rechtssystem stellt die Anerkennungsregel die Geltung aller anderen Regeln her, um das Recht von der Moral zu trennen. Mit der Anerkennungsregel strebt Hart seinem Ziel der Positivierung und Objektivierung des Rechts entgegen. Kann dieses Ziel jedoch verwirklicht werden? Die Antwort ist Nein, zumindest in Bezug auf die Anerkennungsregel. Ein Gegenbeispiel ist die „open texture" des Rechts. Die rechtstheoretische Konstruktion Harts basiert auf der Idee, dass das Recht nur aus Regeln besteht. Deswegen ist die Funktion der Anerkennungsregel, die anderen Regeln zu identifizie-

[216] *Alexy*, Theorie der Grundrechte, S. 76.
[217] *Hart*, The Concept of Law, S. 135.
[218] *Hart*, The Concept of Law, S. 135.

ren. Ein nur aus Regeln bestehendes Rechtssystem ist notwendig unvollständig. Deshalb entwickelt Hart die Konzeption der „open texture“ des Rechts. Wenn im konkreten Fall keine Regel eine bestimmte Entscheidung fordert, entscheidet der Richter den Fall, nach seinem Ermessen, nach „variable standards“[219], die nicht durch die Anerkennungsregel anerkannt werden. Unter diesem Gesichtspunkt kann das Ziel der Positivierung und Objektivierung des Rechts mittels der Sekundärregeln, wie Hart es anstrebt, zumindest nicht vollständig erreicht werden.

Dworkin äußert deutliche Kritik an der Regeltheorie Harts. Er formuliert vor allem drei Kernaussagen, die er dem Rechtspositivismus zugeordnet[220]: (1) Das Recht einer Gemeinschaft ist eine Menge besonderer Regeln, die verwendet werden, um zu bestimmen, welches Verhalten von der öffentlichen Gewalt bestraft oder erzwungen wird. Sie können durch bestimmte Kriterien identifiziert und unterschieden werden, die mit ihrer Herkunft (pedigree) oder mit der Art und Weise zu tun haben, wie sie erlassen oder entwickelt wurden. (2) Die Menge dieser gültigen Rechtsregeln stellt „das Recht“ dar. Wenn ein Fall nicht eindeutig von einer solchen Regel abgedeckt wird, kann dieser Fall nicht durch „Anwendung des Rechts“ entschieden werden. Er muss von einer öffentlich bestellten Person durch die Betätigung seines Ermessens entschieden werden. Dies bedeutet, dass er über das Recht hinausgeht und sich bei der Schaffung einer neuen Rechtsregel oder beim Ergänzen einer alten Rechtsregel von anderen Standards leiten lässt. (3) Dass jemand einer „Rechtspflicht“ unterliegt, bedeutet, dass sein Fall unter eine gültige Rechtsregel fällt, die von ihm verlangt, etwas zu tun oder etwas zu unterlassen. Ohne gültige Rechtsregel gibt es keine Rechtspflicht. Es folgt damit: wenn der Richter eine Frage durch die Ausübung seines Ermessens entscheidet, setzt er nicht juristisches Recht durch.

Dworkin betrachtet den Positivismus als ein System der identifizierbaren Regeln. In diesem reinen Regelsystem wird ein anderer notwendiger Faktor der Rechtsord-

---

[219] *Hart*, The Concept of Law, S. 135.
[220] *Dworkin*, Taking Rights Seriously, S. 17 ff. (Übersetzung in Anlehnung an *Dworkin*, Bürgerrechte ernstgenommen, Übersetzung von Ursula Wolf, S. 46 ff.)

nung, nämlich das Prinzip, vernachlässigt. In seiner Beschreibung der Rolle, die „principles, polices, and other sorts of standards“ in schwierigen Fällen spielen, begründet Dworkin die Prinzipien als Rechtsnormen. Nur wenn Prinzipien Rechtsnormen sind, kann das Problem der „retrospectively“ Anwendung des Rechts aus dem Hartschen richterlichen Ermessen gelöst werden.[221] Weitergehend argumentiert Dworkin, dass Prinzipien als normative Standards mit der Anerkennungsregel nicht zuverlässig identifiziert werden können. In zwei Schritten falsifiziert er die Theorie der Anerkennungsregel: Erstens werden die meisten Rechtsregeln als gültig identifiziert, weil eine zuständige Institution sie erlassen hat, oder weil sie durch eine gesetzgebende Körperschaft in Form gesetzlicher Verfügungen erlassen wurden. Jedoch liegt der Ursprung der Prinzipien als Rechtsprinzipien nicht in einer bestimmten Entscheidung einer gesetzgebenden Körperschaft oder eines Gerichts, „but in a sense of appropriateness developed in the profession and the public over time“. „Their continued power depends upon this sense of appropriateness being sustained.“[222] Zweitens argumentiert Dworkin, brauchen Prinzipien institutionelle Unterstützung. Je mehr Prinzipien in einem Fall angeführt werden, desto größer ist die institutionelle Stützung dieser Prinzipien, und desto schwerer ist auch das Gewicht dieser Prinzipien. Gleichzeitig stellt Dworkin klar: „[Y]et we could not devise any formula for testing how much and what kind of institutional support is necessary to make a principle a legal principle, still less to fix its weight at a particular order of magnitude.“[223] Zudem ist dies nicht mit Harts Idee der Regeln vereinbar. Aus diesem Grund behauptet Dworkin, dass die Anerkennungsregel weder als institutionelle Stützung bezeichnet werden könne, noch Prinzipien anerkennen kann. Damit sei die Theorie des Rechtspositivismus widerlegt.

Im *Postskript* gesteht Hart ein, dass es ein Mangel ist, dass die Prinzipien von ihm nur oberflächlich behandelt werden. Dennoch verteidigt er in dieser Frage seine

[221] *Dworkin*, Taking Rights Seriously, S. 30 f.
[222] Beide Anführungen aus *Dworkin*, Taking Rights Seriously, S. 40.
[223] *Dworkin*, Taking Rights Seriously, S. 40.

rechtspositivistische Position. Der Unterschied zwischen Prinzipien und Regeln ist Hart zufolge nur graduell. Die Anerkennung von Prinzipien als Bestandteil des Rechts sei konsistent mit der Lehre von der Anerkennungsregel. Darüber hinaus sei eine Anerkennungsregel notwendig, wenn Rechtsprinzipien durch Dworkins interpretatives Kriterium identifiziert werden sollen.[224] Als ein Kernbegriff der Rechtstheorie Harts löste die Anerkennungsregel zahlreiche Diskussionen und Kontroversen aus.[225] Da die vorliegende Arbeit thematisch einen anderen Schwerpunkt legt, ist an dieser Stelle nur die Frage von Interesse, ob die Anerkennungsregel die Subjektivität der Rechtsanwendung beseitigen oder sie in Objektivität transformieren kann. Die Anerkennungsregel als Dreh- und Angelpunkt von Harts Theorie dient zur Trennung von Recht und Moral und soll die Objektivierung und Positivierung des Rechts bewirken. Die Moralität des Rechts ist dann unvermeidlich. Dem ist entgegenzusetzen, dass Hart die Existenz eines moralischen Elements im Recht nicht verneint. Der Rechtspositivismus wird von ihm dahingehend definiert, dass das Recht mit der Moral nicht logisch notwendig verknüpft ist. Er bezeichnet seinen Standpunkt als „soft positivism".[226] Problematisch bleibt, dass die Hartsche Regeltheorie die Subjektivität im Recht nicht behandeln kann.

Der Schlüssel des Problems ist die These des rechtlichen Ermessens. Einerseits leugnet Hart nicht, dass andere Standards außerhalb der Rechtsregeln existieren, nach denen die Richter entscheiden. Anders gesagt, reserviert er in der „open texture" des Rechts einen moralischen Entscheidungsspielraum. Andererseits hebt er das Recht als Regelsystem übermäßig hervor, sodass nach seiner Regeltheorie die subjektive Rechtsanwendung im richterlichen Ermessen nicht reguliert wird. Zu dem Problem, wie die Subjektivität, die aus der Anwendung der moralischen Standards folgt, beseitigt oder transformiert werden kann, liefert Hart keine Antwort. Diesbezüglich kann

---

[224] *Hart*, Postscript in the Concept of Law, S. 259 ff.

[225] Vgl. etwa *Raz*, The Authority of Law, S. 91 ff.; *ders*. Legal Principle and the Limited of law, S. 848 ff.; *Coleman*, Authority and Reason, S. 294; *ders*. Rules and Social Facts, S.703 ff.; *MacCormick*, Natural Law and the Separation of Law and Morals, S. 105 ff.; *Finnis*, Revolutions and Continuity of Law, S. 65 ff.; *Shapiro*, What is the Internal Point of View, S. 1158 ff.; *Greenawalt*, Hart´s Rule of Recognition and the United States, S. 40 ff.

[226] *Hart*, Postscript in the Concept of Law, S. 250.

man sagen, dass die Rechtstheorie Harts unfähig ist, das Problem der Subjektivität der Rechtsanwendung zu behandeln.

3 Zusammenfassung

Im Positivismus ist die Rechtsanwendung eine objektive Anwendung ohne Subjektivität, besonders ohne Moralelemente. In *Reine Rechtslehre* stellt Kelsen die Rechtsanwendung aus theoretischer Sicht dar. Sie besteht nur in der idealen Welt, in der die Subjektivität natürlich nicht vorliegt. Hart hält darüber hinaus die Rechtsanwendung für eine Anwendung der positiven Regeln. Obwohl die positiven Regeln objektiv sind, werden sie durch die Auslegung angewandt, wobei neben den Rechtsregeln auch andere Standards existieren. Die Handlungssubjekte der Auslegung und der Anwendung der Rechtsregeln sind die Menschen mit einer Doppelnatur. In der Realität sind nicht nur ihre Fähigkeiten begrenzt, sondern ihre Handlung ist in der „open Texture" des Rechts nicht immer objektiv. Während Kelsens Rechtsanwendung ohne Subjektivität eine Idealisierung darstellt, ist die Regelanwendung Harts unfähig, das Problem der Subjektivität zu behandeln.

Wenn die Positivisten die Objektivität in der Rechtsanwendung erörtern, berücksichtigen sie nicht die in der Realität koexistente Subjektivität. Wenn die Positivisten versuchen, die Subjektivität aus dem Recht zu beseitigen, erkennen sie nicht, dass diese Subjektivität unmöglich vollständig beseitigt werden kann. Eine Untersuchung der Rechtsanwendung ohne Berücksichtigung der Subjektivität ist unvollständig.

Teil 3: Rechtsanwendung im Nichtpositivismus

1 Rechtsanwendung als moralische Anwendung

Anders als im Positivismus beinhaltet die Rechtsanwendung im Nichtpositivismus auch die Ebene der Prinzipien. In der deutschen Tradition hat Josef Esser den Begriff des Rechtsprinzips bereits im Jahre 1956 ausführlich behandelt. Eine systematische Prinzipientheorie ist aber zuerst von Ronald Dworkin ausgearbeitet worden, die eine breite internationale Diskussion auslöste. Dworkin unterscheidet Regeln und Prinzipien als logisch verschiedene Klassen von Normen mit unterschiedlichen Merkmalen. Die Regeln sind auf eine Alles-oder-Nichts-Weise anwendbar. Sie sind entweder gültig, und können in diesem Fall eine Rechtsfolge begründen, oder nicht gültig, dann ist die Rechtsfolge nicht zu akzeptieren.[227] Dagegen kommt den Prinzipien eine Dimension des Gewichts (dimension of weight or importance) zu.[228] Später übernahm Alexy diese grundlegende Unterscheidung der Normen. Er entwickelte eine eigene, viel beachtete Prinzipientheorie und wandte sie insbesondere auf die Grundrechte an. Demnach unterscheiden sich Prinzipien in qualitativer Weise von Regeln. Prinzipien seien die Normen, die geböten, dass etwas in einem relativ auf die rechtlichen und tatsächlichen Möglichkeiten möglichst hohen Maße realisiert werde.[229] Wenn Prinzipien in einem konkreten Fall kollidieren, gehe das Prinzip mit dem jeweils größeren Gewicht vor. Das zurücktretende Prinzip werde aber nicht aus der Rechtsordnung verabschiedet. In anderen Fällen könne die Vorrangfrage anders zu entscheiden sein.[230] Demgegenüber enthielten Regeln Festsetzungen im Raum des tatsächlich und rechtlich Möglichen.[231] Eine Regelkollision werde demgegenüber

---

[227] *Dworkin*, Taking Rights Seriously, S. 24.
[228] *Dworkin*, Taking Rights Seriously, S. 26.
[229] Vgl. etwa, *Alexy*, Zum Begriff des Rechtsprinzips, S. 79ff.; *ders.*, Theorie der Grundrechte, S. 75f.; *ders.*, Rechtsregeln und Rechtsprinzipien, S. 19f.
[230] *Alexy*, Theorie der Grundrechte, S. 78ff.
[231] Vgl. *Alexy*, Theorie der Grundrechte, S. 76; *ders.*, Rechtsregeln und Rechtsprinzipien, S. 20; *ders.* Zur Struktur der Rechtsprinzipien, S. 32; *ders.*, Die Abwägung in der Rechtsanwendung, S. 70.

entweder durch die Einfügung von Ausnahmeklauseln gelöst oder dadurch, dass eine der Regeln für ungültig erklärt werde.[232]

Die Präzisierung und Entwicklung der Prinzipientheorie zielt in erster Linie auf die Beseitigung der Mängel des Regelmodels. Als Nichtpositivisten halten Dworkin und Alexy die Zugehörigkeit der Prinzipien zum Rechtssystem für unbestreitbar. Aufgrund seiner engen Verknüpfung mit der Moralsphäre wird der Begriff des Prinzips verwendet, um die Verbindungsthese zwischen Recht und Moral zu verteidigen. Regeln sind definitiv und sie determinieren eine Rechtsfolge vollständig. Demgegenüber haben Prinzipien eine Dimension des Gewichts. Die Anwendung der Prinzipien in konkreten Fällen führt daher zu einem flexiblen Raum. In gerichtlichen Verfahren spüren die Richter den in der Rechtsordnung verborgenen Prinzipien nach, um die schwierigen Fällen zu lösen. Durch die Abwägung ist das Prinzip mit größerem Gewicht der Grund ihrer Entscheidung. Insofern haben die Richter nicht den von Dworkin kritisierten Ermessensfreiraum (discretion)[233], sondern nur einen der Rechtsordnung innewohnenden Entscheidungsspielraum.

Die Rationalität oder Objektivität der Anwendung der Prinzipien ist ein Thema, das heftig kritisiert wird. Dworkin und Alexy halten beide an den Prinzipien als eine Art der Rechtsnormen fest und bemühen sich dabei auf je ihre eigene Weise nachzuweisen, dass durch Anwendung von Prinzipien ein rationales Ergebnis erreichbar ist. In diesem dritten Teil der Arbeit werden die Thesen von Dworkin und Alexy, die die Prinzipientheorie entwickelt und weiterführend angewendet haben, als Basis der Rechtsanwendung analysiert.

---

232 *Alexy*, Theorie der Grundrechte, S. 77f.

233 Dworkin unterscheidet Ermessen im schwachen und starken Sinne. Vgl. ferner vgl. *Dworkin*, Taking Rights Seriously, S. 31ff. Auch siehe unten Teil 2, 2.4.

2 Kohärente Anwendung der Rechtsnorm bei Dworkin

2.1 Einleitung

Ronald Dworkin, der amerikanische Philosoph und Rechtswissenschaftler, ist vielleicht die „most influential figure in contemporary legal theory“[234] im anglo-amerikanischen Umfeld. Er beschäftigt sich in seiner Arbeit unter anderem mit Thesen über die Gerechtigkeit, die Demokratie und das Recht in verschiedenen Bereichen. Dworkin zeigt auch Interesse für die aktuell in der Gesellschaft diskutierten Grundsatzfragen.

Im Bereich der Jurisprudenz hat Dworkin eine allgemeine Theorie des Rechts gegen den Rechtspositivismus entwickelt. Durch die Publikation des Aufsatzes „The Model of Rules“[235] im Jahr 1967 hat er eine „neue“ Debatte zwischen dem Positivismus und dem Nichtpositivismus eröffnet, die auch als „Hart-Dworkin te“ bezeichnet wird, weil die Theorie Harts der unmittelbare Angriffspunkt ist. In diesem Aufsatz zeigt Dworkin auf, dass es zwei Klassen von Normen gibt, die Regeln und die Prinzipen. Durch die „rule of recognition“ sind die Prinzipien nicht erfassbar, das heißt sie sind kein Recht im Sinne der Rechtstheorie Harts. Mit Hilfe der Unterscheidung von Regeln und Prinzipien kritisiert Dworkin die rechtspositivistische Trennungsthese, um die notwendige Verbindung zwischen Recht und Moral zu verteidigen.

Recht als Integrität (law as integrity) ist die Kernthese der Rechtstheorie Dworkins. „According to law as integrity, propositions of law are true if they figure in or follow from the principles of justice, fairness, and procedural due process that provide the best constructive interpretation of community´s legal practice.“[236] Diese These wird als eine Kohärenztheorie des Rechts betrachtet. Dworkin unterscheidet

---

[234] *Hunt*, Reading Dworkin Critically, S. 1.

[235] *Dworkin*, The Model of Rules, University of Chicago Law Review 35, S. 14-46. Später wird dieser Aufsatz mit der Titel „The Model of Rules I“ als Teil des Buchs „Taking Rights Seriously“ neu gedruckt. *ders.* Taking Rights Seriously, S. 14-45.

[236] *Dworkin*, Law's Empire, S. 225.

zwei Prinzipien der Integrität: Integrität in der Gesetzgebung und Integrität in der Rechtsprechung.[237] Erstere verlangt, dass der Gesetzgeber die formulierten Gesetze zu einem moralisch kohärenten System zusammenfügt.[238] Im zweiten Fall wird das bestehende Recht als ein kohärentes System betrachtet.[239] In der Anwendung der Normen dient die konstruktive Interpretation der Kohärenz als ein praktisches Mittel. Nach Dworkin ist die Rechtsanwendung eine Praxis, bei der die Handlungssubjekte durch konstruktive Interpretation eine einzige richtige Antwort in allen, besonders in schwierigen Fällen finden, um das Recht als ein moralisch kohärentes System zu rechtfertigen. Die Struktur der Rechtsanwendung Dworkins hat drei Bestandteile: (1) die Handlungssubjekte, nämlich Herkules; (2) die konstruktive Interpretation als Methode; und (3) die einzige richtige Antwort als zu verfolgen des Ziels.

2.2 Anwendung der Rechtsnorm als interpretative Praxis

2.2.1 Der Gegenstand der Interpretation

„Was ist Recht?" ist die Kernfrage der Rechtsphilosophie. Dworkins Antwort lautet: „Law is an interpretive concept".[240] Er stellt damit keine neue Art des Rechtsbegriffs, sondern vielmehr eine Interpretation des Wesens des Rechts selbst vor. Dies erfordert die Berücksichtigung von Wert und Zweck der Rechtspraxis, wobei umgekehrt auch das Verständnis des Wertes die Überlegungen über das Wesen des Rechts beeinflussen. Aus der Aussage, dass das Recht ein interpretativer Begriff ist, entwickelt Dworkin eine interpretative Theorie des Rechts.

Nach Dworkin gibt es keine feste Trennungslinie zwischen Rechtsphilosophie und Rechtspraxis.[241] Diese zwei Disziplinen seien vielmehr eng miteinander verbun-

[237] *Dworkin*, Law's Empire, S. 167, 176.
[238] *Dworkin*, Law's Empire, S. 167, 176.
[239] *Dworkin*, Law's Empire, S. 167, 176, 217, 225,243, 245.
[240] *Dworkin*, Law's Empire, S. 410.
[241] *Dworkin*, Law's Empire, S. 90.

den.[242] Die Rechtsphilosophie, die auch als Jurisprudenz bezeichnet wird, ist eine allgemeine Rechtstheorie (general theor[y] of law).[243] Die Jurisprudenz befasst sich mit allgemeinen Fragen, um für die Rechtspraxis eine theoretische Grundlage zu schaffen. Dagegen handelt es bei der Rechtspraxis, wie bei der Rechtsanwendung im richterlichen Entscheidungsprozess, um das konkrete Argument. In Dworkins Theorie des Rechts gibt es zwischen der Jurisprudenz und Rechtspraxis keinen essentiellen, sondern nur einen graduellen Unterschied.

Das Recht ist ein interpretativer Begriff und die Rechtsphilosophie und Rechtspraxis sind „exercise[s] in interpretation“[244]. Im Unterschied zu Hart betrachtet Dworkin die Jurisprudenz als eine normative Theorie, die einem internen Standpunkt Rechnung trägt.[245] Rechtsphilosophie wird als Teil der Rechtspraxis eines Systems begriffen. Sie ist der allgemeine Teil der richterlichen Rechtsprechung und ein „silent prologue to any decision at law“[246]. Unter dem Aspekt der interpretativen Rechtfertigung verschmelzen die Rechtsphilosophie und Rechtspraxis zu einer Einheit. Die Rechtsphilosophie oder Rechtstheorie oder Jurisprudenz in Dworkins Empire des Rechts kann damit als praktische Philosophie oder Theorie bezeichnet werden. Rechtsphilosophie und Rechtspraxis bilden dieselben Gegenstände der Interpretation.

2.2.2 Arten der Interpretation

Der Begriff der Interpretation ist ein Kernbegriff der Theorie Dworkins. Als eine zweckorientierte Aktivität ist die Interpretation die allgemeine Auslegungsmethode. Dworkin unterscheidet drei Arten der Interpretation: die Gesprächsinterpretation, die wissenschaftliche und die kreative Interpretation. Die Gesprächsinterpretation sucht nach der eigentlichen Meinung der am Gespräch Beteiligten. Sie bezweckt die Ansicht der Gesprächspartner zu eruieren. Bei ihr geht es um das Verstehen des ande-

[242] *Dworkin*, Law’s Empire, S. 380; *ders*. The Philosophy of Law, S. 1.
[243] *Dworkin*, Law’s Empire, S. 90.
[244] *Dworkin*, Law as Interpretation, S. 179.
[245] *Dworkin*, Law’s Empire, S. 14, 192; *ders*. Taking Rights Seriously, S. 1, 46.
[246] *Dworkin*, Law’s Empire, S. 90.

ren.[247] Die wissenschaftliche Interpretation ist eine Interpretation der (natur)wissenschaftlich beobachtbaren Daten. Sie strebt danach, den Kausalzusammenhang zu erfassen.[248] Die kreative oder konstruktive Interpretation schließlich bildet laut Dworkin die Alternative zum positivistischen Objektivismus.[249]

Anhand der These des einen Autors (single author)[250] und dem Bild von der Kettengeschichte (chain novel)[251] skizziert Dworkin metaphorisch die künstlerische und rechtliche Interpretation. Es besteht eine Ähnlichkeit zwischen der Interpretation sozialer Praktiken und der der Kunst: „[B]oth aim to interpret something created by people as an entity distinct from them".[252] Die Aufgabe der kreativen oder konstruktiven Interpretation ist es, eine bestimmte Sicht in Bezug auf den Gegenstand und die Bedeutung von Praxis und Kunstwerk zu verteidigen.

Die konstruktive Interpretation besteht aus zwei Komponenten. Die erste ist die Anforderung der besten Eignung (the best fit). „[I]nterpretation must fit the data it interprets."[253] Das Kriterium verlangt, dass die Interpreten das einschlägige Recht als kohärentes Ganzes verstehen müssen.[254] Sie bewerten, um zu interpretieren. Hinzufügungen, Änderungen oder Eliminationen des Texts müssen mit der thematischen und strukturellen Integrität übereinstimmen. Nur mit dem „fit" allerdings kann nicht bestimmt werden, welches Material zum Text hinzufügt wird. „An interpretation aims to show what is interpreted in the best light possible".[255] Dies ist das zweite Kriterium. Die „fit"-Dimension wirkt als ein initiales, durchsiebendes Verfahren, durch das die Anzahl der möglichen Hinzufügungen aus einer unendlichen Menge zu einer end-

247 *Dworkin*, Law's Empire, S. 50.
248 *Dworkin*, Law's Empire, S. 50.
249 *Dworkin*, Law's Empire, S. 50 f.
250 *Dworkin*, Law's Empire, S. 225.
251 Um die künstlerische Interpretation zu erläutern, führt Dworkin das Beispiel der Kettengeschichte an. Eine Gruppe von Romanciers beschließt, einen Roman in serieller Weise zu schreiben. Jeder Romancier trägt ein einziges Kapitel des Buches bei. Abgesehen vom Ersten müssen alle Romanciers zwei Aufgaben erledigen. Vor allem müssen die Schriftsteller sichern, dass ihr Beitrag mit dem harmoniert, was die Schriftsteller vor ihm geschrieben haben. Sie publizieren ihr Buch unter dem Namen eines einzigen Autors, nicht als Autorengruppe. Die späteren Romanciers bieten stets neue Materialien an, die zum ganzen Roman passen („fit") müssen. Sie werden gefordert, es sicherzustellen, ihre Ergänzung für das Buch „the best it can be" (*Dworkin*, Law's Empire, S. 229.) ist. Vgl. *Dworkin*, Law's Empire, S. 229-232.
252 *Dworkin*, Law's Empire, S. 50.
253 *Dworkin*, "Natural" Law Revisited, S. 171.
254 *Dworkin*, Law's Empire, S. 230.
255 *Dworkin*, Law's Empire, S. 243, 231.

lichen Menge reduziert wird.[256] Entsprechend der eigenen Intelligenz wählt der Interpret dann eine Hinzufügung hinsichtlich der Bedeutung des Textes und möglicher Verbesserungen des Textes aus. Die Hinzufügung wird so gewählt, dass sie Bedeutung und Struktur des Textes im besten Licht darstellt. Wenn die konstruktive Interpretation nach Dworkin auf das Recht angewandt wird, ist das Recht als Integrität zu definieren. Bei ihm berücksichtigt der Interpret die Ganzheit, Kontinuität und Konstanz des Rechts.[257]

2.2.3 Die konstruktive Interpretation

Anders als die traditionelle Ansicht über die Interpretation, nach der Interpretation reine Textexegese ist, wird die Interpretation nach Dworkin als die Technik, die Methode und sogar als Regel der Auslegung begriffen. Die Interpretation des Rechts ist „a mode of knowledge“ [258] und als konstruktive Interpretation zu verstehen. Im Unterschied zur wissenschaftlichen Interpretation, die aus einer externen Perspektive analysiert und auslegt, geht die konstruktive Interpretation vom Standpunkt eines Teilnehmers aus.[259] Der Gegenstand der konstruktiven Interpretation ist die Kunst oder eine soziale Praktik, wie z. B. das Recht. Der Interpret als Teilnehmer am Rechtssystem erfasst den Sinn oder die Bedeutung des rechtlichen Vorganges oder der Institution selbst von innen heraus. Demgegenüber beobachtet die wissenschaftliche Interpretation die (natur-)wissenschaftlichen Informationen und Daten, um einen Ursache-Wirkung-Zusammenhang aufzuzeigen, während die Gesprächsinterpretation versucht, aus dem Kontext heraus ein Verständnis der Absicht des Gesprächspartners zu erreichen.

---

[256] *Dworkin*, Law's Empire, S. 231.
[257] *Dworkin*, Law's Empire, S. 225 ff.
[258] *Dworkin*, Law as Interpretation, S. 182.
[259] *Bittner*, Recht als interpretative Praxis. Zu Ronald Dworkins allgemeiner Theorie des Rechts, S. 23. *Dworkin*, Law's Empire, S. 50 ff.

2.2.3.1 Zweck der konstruktiven Interpretation

Der Zweck der konstruktiven Interpretation ist nicht nur etwas zu erklären. Die Erklärung von sozialen Praktiken ist Aufgabe von Historikern, Psychologen oder Soziologen, nicht aber von Juristen oder gar Richtern.[260] Anders als der Gesprächsbeteiligte bezwecken Juristen nicht, jeden Aussagegehalt oder Wert zu eruieren, den der Gesetzgeber dem Gesetz beimisst. Die juristische Interpretation besteht in der Rechtfertigung eines bestimmten Verhaltens oder einer bestimmten Praxis.[261] Konstruktive Interpretation enthält immer einen normativen Aspekt oder eine normative Komponente.[262] Dies bedeutet, dass die Juristen durch die Interpretation ein juristisches Handeln, wie die Rechtsanwendung, für richtig oder gerechtfertigt erklären. Sie ordnen diesem Handeln einen Wert zu. „For at the heart of constructive interpretation stands, not a set of objectively valid facts, but rather the subjectivity of the legal interpreter."[263]

Die maßgebenden Ansichten sind nicht (grundlegend) die der Autoren, sondern die der Interpreten.[264] Das Ideal der Interpretation Dworkins beinhaltet eine subjektive bewertende Handlung. Des Interpreten „own moral and political convictions are now directly engaged"[265]. Durch die Rechtfertigung wird dem rechtlichen Vorgang ein neuer Wert verliehen. Die Subjektivität ist eine Bedingung der Interpretation, doch sie ist nicht völlig unbegrenzt. Das Kriterium der besten Eignung (the best fit) fordert, dass die Interpretation zu der Geschichte der rechtlichen und politischen Prinzipien passen muss. Geschichte oder Kontext eines Objektes oder einer Institution verhindern die Zuordnung eines beliebigen Wertes durch das Kriterium der Eignung.[266] Hingegen leugnet Dworkin nicht die Objektivität der Prinzipienanwendung, womit

---

260 *Dworkin*, Taking Rights Seriously, S. 119 f.; *Claudia Bittner*, Recht als interpretative Praxis. Zu Ronald Dworkins allgemeiner Theorie des Rechts, S. 37.
261 *Dworkin*, Taking Rights Seriously, S. 119; *Claudia Bittner*, Recht als interpretative Praxis. Zu Ronald Dworkins allgemeiner Theorie des Rechts, S. 37.
262 *Dworkin*, Law's Empire, S. 228.
263 *Donato*, Dworkin and Subjectivity in Legal Interpretation, S. 1534 f.
264 *Dworkin*, Law's Empire, S. 52.
265 *Dworkin*, Law's Empire, S. 256.
266 *Dworkin*, Law's Empire, S. 52.; Auch vgl. *Renée M. Watkins-Bienz*, Die Hart-Dworkin Debatte, S.104.

die Willkür des Interpreten beschränkt werden kann. Wenn Subjektivität und Objektivität in der Theorie Dworkins verknüpft werden, verbinden sich der Interpret und die Tradition der Prinzipien.

2.2.3.2 Rechtsanwender als Interpreten

Der Interpret der juristischen Praxis ist in der Rechtstheorie Dworkins hauptsächlich der Richter. Durch die Fiktion des Herkules, der eine Abstraktion und Idealisierung des Rechtsanwenders darstellt, wird der Richter zum abschließenden Interpreten und höchsten Entscheidungsträger. Er kann die verschiedenen Interpretationen, wie z.B. die Interpretation von gegnerischen Anwälten oder die Auffassung der Rechtswissenschaftler, bewerten und ermitteln, welche sich für die Praxis am besten eignet. In seiner Rolle als Vertreter des Rechtssystems sucht der Richter nach der Interpretation, die am ehesten den Eignungskriterien entspricht und als eine Interpretation „im besten Licht" bezeichnet wird. Darüber hinaus erfüllt der Richter nach Auffassung der konstruktiven Interpretation nicht nur die Funktion eines Rechtsanwenders oder Interpreten, sondern hat ebenfalls eine ähnliche Position inne wie der Gesetzgeber. Die Interpretationen von Rechtsanwälten und Rechtswissenschaftlern werden in gerichtlichem Prozess nur dann akzeptiert, wenn sie vom Richter angenommen werden. Dworkins Interpretation des Rechts ist damit eine „judge model"[267] Interpretation.

[267] *Schelly*, Interpretation in Law: The Dworkin-Fish Debate, S. 161.

2.3 Idealisierung der Subjektivität in der Rechtsanwendung

2.3.1 Hard Case und Easy Case

Konstruktive Interpretation nach Dworkin stellt sich dar als ein in vielfacher Weise anwendbarer Modus, um zwischenmenschliche Unstimmigkeiten und Debatten zu lösen. Die juristische Kontroverse über Rechtsfragen ist entweder empirisch oder theoretisch.[268] Bei der ersten geht es um die Frage, aus welchen Wörtern, Sätzen und Absätzen der zur Anwendung geeignete Gesetzestext besteht. Letztere liegt vor, wenn Juristen über die Grundlagen des Rechts streiten. Sie disputieren darüber, was das Wesen des Rechts ist.[269] Der Dissens der Juristen bringt strittige Lösungen des Falls mit sich. Aber die Kontroverse um die Lösung ist nicht das Kriterium, hard cases (schwierige Fälle) und easy cases (einfache Fälle) voneinander zu differenzieren.

Es gibt keine normale (standard) Unterscheidung zwischen schwierigen Fällen und einfachen Fällen. Der einfache Fall ist ein Fall, in dem die Entscheidung durch ein unkompliziertes, deduktives Argument gerechtfertigt wird. Es ist einfach, weil das relevante Gesetz so klar ist, dass der Fall nach entsprechenden Standards in streng logischen Argumentationen erfasst wird, nach denen eine Entscheidung leicht und eindeutig herbeigeführt werden kann. Im einfachen Fall wird die gesamte Argumentation in die Form eines oder mehrerer Syllogismen gekleidet.[270] Der Richter entscheidet nach bestehenden Rechtsregeln, die in der Alles-oder-Nicht Manier angewandt werden.[271] Von den Regeln abgesehen, gibt es indes noch eine andere Klasse von Normen, die Prinzipien.[272] Mit ihrer Hilfe entscheidet der Richter den schwierigen Fall.

Dworkin zufolge ist ein schwieriger Fall ein Fall von sprachlicher Unklarheit oder von der Verborgenheit des Rechts. In derartigen Fällen ist das Recht strittig, un-

---

268 *Dworkin*, Law's Empire, S. 4 f.
269 *Dworkin*, Law's Empire, S. 16 f.
270 *Hart*, Law in the Perspective of Philosophy: 1776 – 1976, S. 549 f.
271 *Dworkin*, Taking Rights Seriously, S. 24.
272 Zu den Regeln und Prinzipien, den zwei Klassen von Normen, vgl. etwa *Dworkin*, Taking Rights Seriously; *Alexy*, Zum Begriff des Rechtsprinzips; *ders*, Rechtsregeln und Rechtsprinzipien.

bestimmbar und nicht festgesetzt (unsettled), sodass es möglicherweise mehr als eine Interpretation des Rechts gibt, die dem Kriterium von „fit" entspricht.[273] Als Interpret vergleicht der Richter diese Interpretationen, um die „the best fit" Lösung zu suchen. Dies bedeutet aber nicht, dass der Richter außerhalb des Rechts entscheidet. Die von ihm verwendeten Prinzipien verbergen sich im Recht. Als Rechtsnormen sind sie institutionell gestützt. Von Dworkin stammt die Vorstellung des Rechts als ein „seamless web". Wenn man im schwierigen Fall die existenten Regeln nicht finden kann, bedeutet das nicht, dass das Recht Lücken hat, denn neben den Regeln finden sich innerhalb des Rechts außerdem verborgene Prinzipien. Es gibt damit keine wesentliche Unterscheidung zwischen einfachen Fällen und schwierigen Fällen: „[E]asy cases are, for law as integrity, only special cases of hard ones"[274]. Mit den Regeln und Prinzipien kann der Richter Herkules die einzige richtige Antwort in jedem Fall finden.

2.3.2 Die einzige richtige Antwort

Dworkin propagiert, dass es für jeden Rechtsfall immer eine richtige Lösung gibt, sogar für den kontroversen, schwierigen Fall.[275] Dies ist die umstrittene „right answer" These. Ihr zufolge gibt es auf jede Rechtsfrage stets eine einzige richtige Antwort, die in jedem Fall gefunden werden kann. Diese Antwort ist irgendwo in der Rechtsordnung versteckt und die Aufgabe des Richters ist nur, sie zu entdecken. Dworkin charakterisiert seinen Anspruch auf die einzige richtige Antwort im schwierigen Fall als „a claim made within legal practice rather than at some supposedly removed, external, philosophical level"[276]. Die Rechtsordnung ist nach Dworkin ein abgeschlossenes System, das die Lösungen für alle Rechtsfälle explizit oder implizit enthält. Sein Resümee lautet: „For all practical purposes, there will always be a right

[273] *Dworkin*, A Matter of Principle. S. 161.
[274] *Dworkin*, Law's Empire, S. 266.
[275] *Dworkin*, A Matter of Principle, vgl. Kapitel 5, 6, 7.
[276] *Dworkin*, Justice in Robes, S. 41.

answer in the seamless web of our law."[277] Das primäre Ziel Dworkins ist „to purge judicial decisionmarkers of any connotation of capriciousness"[278].

2.3.2.1 Kohärenztheorie der Wahrheit

Über die Frage, was die Wahrheit ist, gibt es im wesentlichen drei Theorien: die Korrespondenztheorie, nach der eine Aussage genau dann wahr ist, wenn sie mit den Tatsachen in der Welt korrespondiert; die Kohärenztheorie, die die Kohärenz zum Wahrheitskriterium erhebt; und die Konsenstheorie, nach der die Wahrheit einer Behauptung davon abhängt, ob sich allein durch Argumente ein zwangsfreier allgemeiner Konsens über die Behauptung herstellen lässt.

Dworkin insistiert darauf, dass es keine objektive Wahrheit (truth) über die politische Moralität „out there" im Universum gibt, die von Richtern oder Rechtsanwälten oder irgendjemand anderem entdeckt werden könnte.[279] Sowohl die Korrespondenztheorie als auch die Konsenstheorie der Wahrheit lehnt er ab. In der Klassifizierung der Interpretationen hält Dworkin die juristische Praxis für eine konstruktive Interpretation. Er lehnt ein Gesprächsmodell der Rechtsinterpretation ab. Bei ihm zielt die Gesprächsinterpretation auf das Verstehens des anderen. Die Gesprächshandlung unterscheidet sich insofern vom kommunikativen Handeln, als dass sie darauf abzielt, die Ansichten des Sprechers zu verstehen.[280] In seiner Theorie der Interpretation spielt es keine Rolle, dass durch die Kommunikation und Argumentation zwischen den Teilnehmern der Konversation, bzw. zwischen den Sprechern und Rezipienten, die Meinungen interagieren, um einen Konsens zu erreichen.[281]

Der Schwerpunkt der Rechtsphilosophie Dworkins ist das „Recht als Integrität", sodass seine Lehre als Kohärenztheorie eingeordnet werden kann. Wenn diese These

277 *Dworkin*, No Right Answer?, S. 84.
278 *Schelly*, Interpretation in Law: The Dworkin-Fish Debate, S. 164.
279 *Dworkin*, Justice in Robes, S. 58; Auch *ders.* Law's Empire, S. 83; *ders.* Taking Rights Seriously, S. 289 ; *ders.* A Matter of Principle, S. 138, 171 f.
280 *Dworkin*, Law's Empire, S. 50 ff., 420 Fn.2.; *Bittner*, Recht als interpretative Praxis. Zu Ronald Dworkins allgemeiner Theorie des Rechts, S. 23 ff.
281 Vgl. *Habermas*, Theorie des kommunikativen Handelns; *Alexy*, Theorie der juristischen Argumentation.

ein legislatives Prinzip ist, wird vom Gesetzgeber verlangt, dass die von ihm festgesetzten Vorschriften moralisch kohärent sind; wenn diese These als die Grundlage der Rechtsprechung behandelt wird, muss der Richter das Recht, das aus den kohärenten Prinzipien besteht, als eine Integrität erachten.[282] Diese These ist auch die Antwort auf die Frage, unter welchen Bedingungen eine Aussage wahr ist. „The adjudicative principle of integrity instructs judges to identify legal rights and duties, so far as possible, on the assumption that they were all created by a single author – the community personified – expressing a coherent conception of justice and fairness."[283] Dworkin zufolge besteht die Verantwortung des Richters nicht in der Erfindung neuer Rechte (invent), sondern darin, die bestehenden Rechte (rights) zu identifizieren oder zu entdecken (discover), und dies auch in den schwierigen Fällen, in denen darüber gestritten wird, was die bestehenden Rechte sind.[284] So behauptet Dworkin, dass eine Aussage genau dann wahr ist, wenn sie aus den kohärenten Prinzipien, die die beste Interpretation der juristischen Praxis anbieten, abgeleitet wird. Dworkins Theorie trägt die Züge der Kohärenztheorie der Wahrheit.

2.3.2.2 Begriff der „Richtigkeit" bei Dworkin

Dworkin zufolge gibt es eine richtige Antwort auf jede Rechtsfrage. Der Begriff der Richtigkeit Dworkins ist aber in gewissem Maße vage. Er differenziert nicht zwischen Richtigkeit und Wahrheit unter einen terminologischen Aspekt.[285] Auch verwendet er gelegentlich die Vernünftigkeit als ein Synonym von Richtigkeit.[286] Die richtige Antwort im schwierigen Fall wird nicht durch eine bestehende Rechtsregel, sondern durch das Prinzip der politischen Moralität (political morality) gewonnen. Der Richtigkeits- oder Wahrheitsbegriff Dworkins zielt nicht darauf ab, zu beweisen, ob ein Satz wahr sein kann, wie beispielsweise die Definition der Wahrheit Tarskis

[282] *Dworkin*, Law's Empire, S. 176; 218.
[283] *Dworkin*, Law's Empire, S. 176; 225.
[284] *Dworkin*, Taking Rights Seriously, S. 81ff.
[285] *Dworkin*, Law's Empire, S. 78.
[286] *Dworkin*, A Reply by Ronald Dworkin, S. 278.

(Konvention T). Er weist den Wahrheitsgehalt eines Satzes nicht nach epistemologischen Kriterien nach.[287] Es stellt sich daher die Frage, was die Bedeutung bzw. das Kriterium der richtigen Antwort ist.

Die Konzeption der richtigen Antwort Dworkins besteht aus zwei Ebenen. Die erste ist die konstruktive Ebene. Obwohl Dworkin von der linguistischen Philosophie beeinflusst wird [288], geht er nicht von der semantischen Analyse aus, um die These der richtigen Antwort zu rechtfertigen. In *Philosophische Untersuchungen* behauptet Wittgenstein: „Jedes Wort hat eine Bedeutung. Diese Bedeutung ist dem Wort zugeordnet. Sie ist der Gegenstand, für welchen das Wort steht“.[289] Entsprechend lässt die „richtige Antwort“ sich in das Zeichen „richtige Antwort“ und seine Bedeutung einteilen. Wenn man fragt, was die „richtige Antwort“ bedeutet, impliziert dies, dass es eine Beziehung zwischen dem Zeichen und der Bedeutung der „richtigen Antwort“ gibt.

Dworkin differenziert zwischen der Bedeutung (meaning) der „richtigen Antwort“ und der Verwendung (use) der „richtigen Antwort“. Er behauptet, zur Bestimmung der Bedeutung des Begriffs der „richtigen Antwort“ bräuchte man nicht nach Objekten suchen, die irgendwo „dort draußen“ in einer transzendenten Ebene[290] existieren würden, sondern man müsse sich am üblichen Gebrauch (ordinary use) des Symbols der „richtigen Antwort“ durch Juristen orientieren. Entgegen der These Wittgensteins, die den Gebrauch des symbolischen Worts hervorhebt, verknüpft Dworkin die Verwendung mit seiner Theorie der Bedeutung: „[T]hat meaning is connected to use“.[291] Unter der gewöhnlichen Verwendung versteht er die Ermittlung der Bedeutung eines Symbols. Die Voraussetzung, auf die die richtige Antwort angewiesen ist, lautet, wenn alle oder die meisten Rechtsanwälte und Richter das Symbol

[287] Vgl. *Dworkin*, Law’s Empire, S. 85 f.; *Bittner*, Recht als interpretative Praxis. Zu Ronald Dworkins allgemeiner Theorie des Rechts, S. 72 f.
[288] Z. B. in *Law’s Empire* verwendet er den Begriff der Lebensform Wittgensteins, „That means not just using the same dictionary, but sharing what Wittgenstein called a form of life sufficiently concrete so that the one can recognize sense and purpose in what the other says and does, ….“. “They must all ‘speak the same language’ in both senses of that phrase.” Vgl. *Dworkin*, Law’s Empire, S. 63 f.
[289] *Wittgenstein*, Philosophische Untersuchung, §1.
[290] *Dworkin*, Justice in Robes, S. 39.
[291] *Dworkin*, Justice in Robes, S. 39.

„richtige Antwort“ auf die gleiche Weise in der juristischen Praxis verwenden, folgt, dass die „richtige Antwort“ eine Bedeutung hat, die sie der Verwendung durch die Gleichheit (sameness) verleihen wird.[292] Die Gleichheit der Verwendung liegt darin, dass es „in the way [lawyers] talk and argue“ vorausgesetzt ist, eine „bivalence thesis“ anzunehmen.[293] „Bivalence thesis“ bedeutet, dass jede Proposition nur wahr oder falsch sein kann, nie jedoch kann eine Proposition beides zugleich oder keines von beidem sein.[294] Anders ausgedrückt ist die Proposition „p oder ¬p“ wahr, die Proposition „p und ¬p“ aber nicht. Dadurch erreicht Dworkin einen Konsens über die Verwendung. Ihm zufolge führt die Bedeutung des Worts darauf zurück, dass man das Wort verwendet.[295] Die menschliche Aktivität, „doing things with words“, ist daher „the key to meaning“. Die Verwendung eines Worts im Kontext führt zum Verstehen der Bedeutung des Wortes. Die Gleichheit der Verwendung impliziert eine Gleichheit der Bedeutung. Der Konsens der Verwendung, aber nicht der der Interpretation, ergibt den Konsens der „richtigen Antwort“ in einem schwierigen Fall.

Die Zweite ist die intern-realistische Ebene. Dworkin lehnt eine Korrespondenztheorie der Wahrheit ab, genauso wie er vermeidet, eine metaphysische Position einzunehmen. Nach der These der richtigen Antwort haben die Rechtspropositionen immer den Wert der Wahrheit (truth value). Was macht eine richtige Antwort richtig? Als Antirealist sagt Dworkin nicht, dass es zu Richtigkeit führe, wenn eine Entscheidung mit einer moralischen Tatsache korrespondiert, sondern der „fact of narrative consistency“ mache die richtige Antwort richtig. Wenn eine Antwort sich am besten für die vergangenen Entscheidungen oder Präzedenzfälle eignet, und auch wenn sie „superior as a matter of political or moral theory“ ist, dann handelt es sich um die

---

[292] *Wolcher*, Ronald Dworkin's Right Answers Thesis through the Lens of Wittgenstein, S. 48; *Dworkin*, Pragmatism, Right Answers, and True Banality, S. 359 - 388.
[293] *Dworkin*, A Matter of Principle, S. 119 f.
[294] *Dworkin*, A Matter of Principle, S. 120 ff., 405, Fn.3.
[295] Z. B. behauptet Dworkin: "Language can only take its sense from the social events, expectations, and forms in which it figures, a fact summarized in the rough but familiar slogan that the key to meaning is use. That is true not only of the ordinary, working part of our language, but of all of it, the philosophical as well as the mundane. Of cause, we can use part of our language to discuss the rest. We can say, for example, what I just said: that meaning is connected to use.... But we cannot escape from the whole enterprise of speech to a different and transcendent plane where words can have meanings wholly independent from the meaning any practice, ordinary or technical, has given them." Vgl. *Dworkin*, Justice in Robes, S. 39.

richtige Antwort.[296] „[M]oral…judgments have the sense and force they do just because they figure in a collective human enterprise“, “such judgments cannot have a ‘real’ sense and a ‘real’ truth value which transcend that enterprise and somehow take hold of the ‘real’ world.”[297] Der Richter rechtfertigt die richtige Antwort mit der Gewohnheit (convention), die aus moralischen und institutionellen Tatsachen besteht. Die richtige Antwort bei Dworkin hat eine intern-realistische Eigenschaft, die eine interne Perspektive und einen Begründungsaspekt der Wahrheit voraussetzt[298]. Unter der Wahrheit wird die Idealisierung einer Rechtfertigung verstanden. Man orientiert sich an der bestbegründeten Antwort. Nach Dworkin sind die idealen Bedingungen der Rechtfertigung die Anforderungen der Konsistenz und der Kohärenz. Durch die Rechtfertigung wird versucht die richtige Antwort zu finden.[299]

2.3.3 Herkules als superpersonaler Rechtsanwender

Bei der Frage nach der einzigen richtigen Antwort geht es gleichzeitig um die Möglichkeit der einzigen richtigen Interpretation des rechtlichen Texts.[300] Um die judikative Integrität zu illustrieren, beschreibt Dworkin eine mythische Figur, Herkules, als den perfekten Richter. Herkules ist ein Richter mit übermenschlichen intellektuellen Fähigkeiten und der Geduld, das Recht als Integrität anzunehmen.[301] Ohne zeitliche, körperliche oder intellektuelle Begrenzungen kann er nach der Wahrheit suchen. In einer Rechtsquelle, die als kohärente und konsistente Geschichte einer Gemeinschaft betrachtet wird, sucht Herkules die richtige Antwort auf bestimmte

---

[296] *Dworkin*, A Matter of Principle, S. 137 ff. Die Ausführung aus: *Dworkin*, A Matter of Principle, S. 143.
[297] *Dworkin*, A Matter of Principle, S. 174.
[298] *Putnam*, Realism and Reason, S. 84 ff.; *Bittner*, Recht als interpretative Praxis. Zu Ronald Dworkins allgemeiner Theorie des Rechts, S. 76 f.
[299] Es ist diskutabel, ob Dworkins Theorie auf den internen Realismus hinausläuft. Z. B. Moore wendet ein: „[U]nlike science, morality (and literature and law) can and must be judged externally. The only alternative is to live in many worlds whose comparative rationality cannot be discussed. There is thus no intelligible position called “internal realism” about morality. The upshot is that Dworkin´s realism, to the extent he is a realist at all, can only be “external”.“ *Moore*, Review Essay: Metaphysics, Epistemology and Legal Theory. A Matter of Principle by Ronald Dworkin, S. 505.
[300] *Aarnio*, One Right Answer and the Majority Principle, S. 36.
[301] *Dworkin*, Law’s Empire, S. 239.

Rechtsfragen unter dem Aspekt der Eignung (fit).[302] Wenn mehrere Prinzipien die Schwelle der Eignung im schwierigen Fall überschreiten, entscheidet Herkules durch konstruktive Interpretation, welches geeignete Prinzip das Beste ist.[303] Der reale Richter mit begrenztem Vermögen aber kann die Herkules-Methode in begrenztem Maße imitieren.[304] Dworkin zeigt auf, dass, wenn der reale Richter sich, unterbewusst und instinktiv, an der Herkules-Methode ausrichtet, es am ehesten gewährleistet ist, die Fehlerquote niedrig zu halten.[305]

2.4 Kritik zur Rechtsanwendung Dworkins mit idealisierter Subjektivität

Bei Dworkin ist die juristische Praxis eine Praxis, die auf die einzige Wahrheit zielt. Ein Urteil wird nicht durch das Faktum des Konsenses, sondern durch die Konsistenz der Gründe richtig oder wahr gemacht.[306] In einem geschlossenen Rechtssystem, durch konstruktive Interpretation, entdeckt der mit übermenschlichen intellektuellen Fähigkeiten ausgestattete Richter Herkules eine einzige kohärent richtige Antwort. Dworkin stellt heraus, dass der reale Richter, obwohl er unvollkommen und begrenzt ist, die fast perfekte Lösung finden kann, wenn er die Herkules-Methode anwendet. Diese Behauptung impliziert, dass der Richter als Rechtsanwender die Eigenschaften der Moralität, der Institution und des ausreichenden Erkenntnisvermögens gleichzeitig besitzt. Es gibt keinen wesentlichen, sondern nur einen graduellen Unterschied zwischen dem Moralrichter und Herkules. Es ist aber fraglich, ob für jede praktische Frage eine einzige richtige Antwort existiert. Der Begriff der Richtigkeit impliziert die Begründbarkeit.[307] Die Behauptung der Existenz der einzigen richtigen Antwort Dworkins beinhaltet aber nicht das Verfahren, diese zu beweisen. „Die These

302 *Dworkin*, Law's Empire, S. 116 f.
303 *Dworkin*, Law's Empire, S. 246 ff.
304 *Dworkin*, Law's Empire, S. 245.
305 *Dworkin*, Law's Empire, S. 245, 256, 265 f.; *ders*, Taking Rights Seriously, S. 130.
306 Z. B. ist eine der Dworkin beschreibenden überpersönlichen intellektuellen Fähigkeiten Herkules´, dass er sich nicht den Zwang auferlegt, in Kollegialgerichten einen Kompromiss zu schließen. *Dworkin*, Law's Empire, S. 380 f.
307 *Alexy*, Theorie der juristischen Argumentation, S. 238.

von der Existenz einer einzig richtigen Antwort auf jede Frage stellt damit, zumindest im Bereich des Praktischen, eine nicht zu rechtfertigende ontologische Fiktion dar."[308]

Mit der Konzeption der Prinzipien und der konstruktiven Interpretation verteidigt Dworkin die These, die das Recht mit der Moral notwendig verbindet. Als Nichtpositivist behauptet er, dass das Problem der Subjektivität in den Lücken des Rechts aus rechtspositivistischer Sicht, besonders nach der Theorie Harts, unkontrollierbar ist. Dworkins Kritik ist in gewissem Maße erfolgreich. Problematisch ist aber, dass die Auffassung Dworkins eine neue Seite des Problems der Subjektivität mit sich bringt. Um die Frage, wie ein Rechtsanwender neben dem moralischen Element des Rechts die Rechtsnormen objektiv anwenden und interpretieren kann, zu beantworten, schlägt Dworkin eine mythische Figur des Rechtsanwenders, Herkules vor. Als ein **superpersonaler Rechtsanwender** ist Herkules vernünftig, moralisch und er wendet die Rechtsnormen stets objektiv an. Dabei wird das Ideal mit der Realität verwechselt. Er behauptet, dass reale Richter die Herkules-Methode in begrenztem Maße imitieren können. Durch die Voraussetzung, dass der Rechtsanwender ein superpersonales Subjekt ist, idealisiert Dworkin die im Recht vorliegende Subjektivität. Weil der Rechtsanwender übermenschlich ist, entscheidet er objektiv. Anders als die Idealisierung Kelsens, die durch Abstraktion geschieht, fokussiert Dworkin den Rechtsanwender nur als idealen Richter. Er vernachlässigt nicht nur die anderen Rechtsanwender neben dem Richter, sondern auch den realen Richter. Die Subjekte der Rechtsanwendung sind Menschen mit einer Doppelnatur. Mit Dworkins Idealisierung der Handlungssubjekte kann das Problem der Subjektivität nicht gelöst werden.

[308] *Alexy*, Probleme der Diskurstheorie, S. 122.

3 Diskursive Anwendung der Rechtsnorm bei Alexy

3.1 Einleitung

Die Kernfrage der Theorie Alexys lautet: Wie ist die praktische Rationalität oder Erkenntnis möglich? Mit der Theorie der juristischen Argumentation stellt er die Grundlagen und Grenzen praktischer Rationalität dar, um die kantische Konzeption der praktischen Vernunft „in einer diskurstheorietischen Variante zu verteidigen".[309] Alexy hält dafür, dass der juristische Diskurs ein Sonderfall des allgemeinen praktischen Diskurses ist. Seine Besonderheit liegt darin, dass im Rahmen einer positiven Rechtsordnung darüber entschieden wird, was geboten, verboten und erlaubt ist, um ein Höchstmaß an Rationalität anzustreben. Die Aufgabe des juristischen Diskurses ist es dann, eine objektive Entscheidung zu treffen.

Ein objektives Ergebnis hängt von der objektiven Rechtsanwendung ab. Der Begriff der Handlungssubjekte der Rechtsanwendung, die faktische Menschen mit einer Doppelnatur sind, enthält ein subjektives Element. Deswegen ist die subjektive Anwendung der Rechtsnorm in der Realität unvermeidlich. Kann eine subjektive Rechtsanwendung im juristischen Diskurs ein objektives Ergebnis erbringen? Mit Blick auf die These vom Richtigkeitsanspruch von Alexy kann diese Frage bejaht werden. Nur wenn eine Aussage das Ergebnis einer bestimmten Prozedur ist oder sein kann, ist sie richtig. Die These, dass der Richtigkeitsanspruch notwendig im Recht erhoben wird, ermöglicht den Übergang von der subjektiven Rechtsanwendung zum objektiven Ergebnis.

Dass das Recht notwendig einen Anspruch auf Richtigkeit erhebt, bezeichnet Alexy als Anspruchsthese. Er begründet die Anspruchsthese aus vier Aspekten.[310] Erstens stellt Alexy fest, dass in allen juristischen Diskursformen Begründungen vorgetragen würden. Wer etwas behauptet, beansprucht, dass das, was er behauptet, auch

---

309 *Alexy*, Eine diskurstheoretische Konzeption der praktischen Vernunft, in: ARSP Beiheft 51, S. 14.
310 *Alexy*, Theorie der juristischen Argumentation, S. 265.

begründbar ist.[311] Wer etwas begründet, beansprucht, dass seine Begründung stichhaltig und seine Behauptung deshalb richtig ist. Daher wird nach Alexy ein Richtigkeitsanspruch mit juristischen Aussagen, wie mit allgemeinen normativen Aussagen, erhoben.[312] Zweitens nennt Alexy den positivrechtlichen Aspekt. Heutzutage werden die Richter in den meisten Staaten durch das geltende Recht verpflichtet, ihre Entscheidungen zu begründen. Durch das geltende Recht steht die richterliche Entscheidung unter dem Richtigkeitsanspruch.[313] Ob dieser Anspruch aber mit richterlichen Entscheidungen notwendigerweise erhoben wird, hängt davon ab, ob der Begriff der richterlichen Entscheidung den Begriff des Richtigkeitsanspruchs einschließt. Das Problem kann durch den performativen Widerspruch, dies ist der dritte Aspekt, aufgelöst werden. Alexys Beispiel, der Urteilsspruch „Im Namen des Volkes, Herr N. wird, obwohl hierfür keine guten Gründe sprechen, zu zehn Jahren Freiheitsentzug verurteilt"[314], steht im Widerspruch zum Anspruch auf Richtigkeit. Zwar verliert eine derartige Entscheidung nicht notwendigerweise ihren gültigen richterlichen Charakter, aber sie bleibt stets nicht nur im moralisch relevanten Sinne fehlerhaft.[315] Als letztes begründet Alexy die Anspruchsthese aus dem rechtssoziologischen Aspekt heraus. Nach empirischen Untersuchungen ist der Anspruch auf Richtigkeit für die Praxis juristischen Begründens und Entscheidens konstitutiv, weil die richtige Entscheidung ein gesuchtes Ziel der richterlichen Diskussion ist.[316] Wie in allgemeinen praktischen Diskursen wird damit ein Anspruch auf Richtigkeit im juristischen Diskurs erhoben.

Im folgenden Abschnitt der Arbeit wird zuerst die Diskurstheorie Alexys erörtert, dann wird versucht, die Frage, wie eine objektive Anwendung der Rechtsnorm verwirklicht werden kann, zu beantworten.

---

311 *Alexy*, Theorie der juristischen Argumentation, S. 238 f., 265. Vgl. auch *ders*. Eine diskurstheoretische Konzeption der praktischen Vernunft, S. 21.
312 *Alexy*, Theorie der juristischen Argumentation, S. 265.
313 *Alexy*, Theorie der juristischen Argumentation, S. 265 f.
314 *Alexy*, Theorie der juristischen Argumentation, S. 266.
315 *Alexy*, Theorie der juristischen Argumentation, S. 266 f.
316 *Alexy*, Theorie der juristischen Argumentation, S. 267 f.

3.2 Rechtsanwendung als Diskurs

Die Rechtsanwendung ist ein argumentativer Prozess, der auf Wertung und Abwägung beruht. Dabei werden die Rechtsnormen, welche strukturelle Ambivalenz und Vagheit enthalten, ausgelegt und konkretisiert. Die Begründung der richterlichen Entscheidung kann als ein juristischer Diskurs verstanden werden. Der Diskurstheorie gemäß finden sich Deutungsmodelle für die richterliche Rechtsanwendung in zwei unterschiedlichen Varianten, Alexys Sonderfallmodell und Günthers Angemessenheitsmodell. Alexy konzipiert den juristischen Diskurs als Sonderfall des allgemeinen praktischen Diskurses, während Günther ihn als Anwendungsdiskurs darstellt.[317] In diesem Teil soll untersucht werden, wie das Modell der Sonderfallthese das Verhältnis zwischen der möglichen Subjektivität und der internen Rationalität der Rechtsanwendung darstellt.

3.2.1 Der juristische Diskurs als Sonderfall

Alexy begreift den juristischen Diskurs als Sonderfall des allgemeinen praktischen Diskurses.[318] Die Sonderfallthese beschreibt den Versuch Alexys, die Diskurstheorie mit der gerichtlichen Situation zu vereinbaren. Sie wird mit drei weiteren Thesen begründet: (1) In juristischen Diskursen, wie in allgemeinen praktischen Diskursen, geht es um die praktischen Fragen, bzw. darum, was geboten, verboten oder erlaubt ist.[319] (2) Diese praktischen Fragen werden mit dem Anspruch auf Richtigkeit diskutiert, bzw. wird im juristischen Diskurs, genau wie im allgemeinen praktischen Diskurs, ein Anspruch auf Richtigkeit erhoben.[320] (3) Dieser Richtigkeitsanspruch ist insbesondere durch das positive Recht, die juristische Dogmatik und die Präzedenz-

---

[317] Der Unterschied zwischen den beiden Modellen siehe oben, Teil 1, 2 und 3.
[318] *Alexy*, Theorie der juristischen Argumentation, S. 32, 263.
[319] *Alexy*, Theorie der juristischen Argumentation, S. 263; *Ders*, The Special Case Thesis, S. 375.
[320] *Alexy*, Theorie der juristischen Argumentation, S. 263; *Ders*, The Special Case Thesis, S. 375.

fälle beschränkt.[321] Die ersten zwei Thesen begründen die Verbindung zwischen dem juristischen und dem praktischen Diskurs. Sie beziehen sich auf die Behauptung, dass das Recht mit der Moral begrifflich verknüpft ist. Die letzte These beschreibt den juristischen Diskurs als einen Sonderfall, weil ein praktischer Diskurs unter juristischen Einschränkungen stattfindet. Damit beinhaltet der juristische Diskurs drei Elemente: Er ist die praktische Frage betreffend, den Richtigkeitsanspruch immanierend und rechtlich beschränkt.

3.2.2 Der Richtigkeitsanspruch in der Rechtsanwendung

Im juristischen Diskurs wird notwendig ein Richtigkeitsanspruch erhoben. Der Anspruch auf Richtigkeit oder Wahrheit in der Rechtsanwendung ist ein Anspruch auf Objektivität. Um diese Objektivität des Ergebnisses des juristischen Diskurses zu verteidigen, unterscheidet Alexy zwei sich einander ergänzende Definitionen des Begriffs der praktischen Richtigkeit.[322] Eine ist die kriterienfreie Definition, die der semantischen Konzeption aus Tarskis Konvention T folgt: Der Satz „X ist gesollt" ist genau dann richtig, wenn X gesollt ist. Die andere ist die kriteriengeladene, prozedurale Definition. Wenn eine Norm oder Aussage das Ergebnis einer bestimmten Prozedur ist oder sein kann, ist sie richtig oder wahr.[323]

Die Diskurstheorie ist eine prozedurale Theorie.[324] Der Konsens ist zwar nicht die Bedingung dafür, dass eine Aussage wahr ist, und die Richtigkeit oder Wahrheit ist unabhängig von der Zustimmung der Diskursteilnehmer. Die Durchführung der Prozedur gemäß den Diskursregeln ist nach der Diskurstheorie dennoch das eigentliche Richtigkeitskriterium.[325] Das Verhältnis von Richtigkeit und Prozedur ist folgendermaßen gekennzeichnet:

---

[321] *Alexy*, Theorie der juristischen Argumentation, S. 34, 263.
[322] *Alexy*, Probleme der Diskurstheorie, S. 118 f.
[323] *Alexy*, Die Idee einer prozeduralen Theorie der juristischen Argumentation, S. 95 ff.
[324] *Alexy*, Probleme der Diskurstheorie, S. 109 ff.; *ders.*, Die Idee einer prozeduralen Theorie der juristischen Argumentation, S. 95 ff.
[325] *Alexy*, Probleme der Diskurstheorie, S. 120.

D: Eine normative Aussage *N* ist richtig genau dann, wenn sie das Ergebnis der Prozedur *P* sein kann.[326]

Wenn der juristische Diskurs eine sich auf Diskursregeln und Rechtsnormen beschränkende Prozedur ist, kann sein Ergebnis richtig oder objektiv sein.

3.2.3 Die Subjektivität in der Rechtsanwendung

Nichtsdestotrotz behält die Rechtsanwendung ihr subjektives Element. Die Handlungssubjekte der Rechtsanwendung oder die juristischen Diskursteilnehmer sind Menschen mit einer doppelten Natur. Sie sind gleichzeitig ideal und real. Alexy setzt voraus, dass der Diskursteilnehmer rational ist und dass er das hinreichende Vermögen besitzt, für substantielle Aussagen gute von schlechten Begründungen zu unterscheiden.[327] Wenn der Diskursteilnehmer ein realer Mensch ist, relativiert sich sein Rationalitäts- und Urteilsvermögen. Zudem handelt es sich bei den Gründen oder den Bedingungen in praktischen Fragen wesentlich um Interesseninterpretationen und Interessenausgleiche. Ein guter Grund ist nur, was den Prozess der diskursiven Überprüfung übersteht.[328]

Die Rechtsanwendung enthält notwendig Subjektivität. Die Rechtsanwender als reale Menschen haben kein hinreichendes Urteilsvermögen. Sie können nicht immer richtig urteilen, was richtig und was schlecht ist. Dies aber bedeutet nicht, dass das Ergebnis der Rechtsanwendung subjektiv sein muss. Durch die Diskursprozedur, in der Diskursregeln und Rechtsnormen befolgt werden, kann der subjektive Wille zu einem objektiven Ergebnis transformiert werden.

---

[326] *Alexy*, Die Idee einer prozeduralen Theorie der juristischen Argumentation, S. 95.
[327] *Alexy*, Probleme der Diskurstheorie, S. 120.
[328] *Alexy*, Probleme der Diskurstheorie, S. 120 f.

3.3 Recht und Richtigkeit

3.3.1 Die doppelte Natur des Rechts

Das Recht hat eine Doppelnatur.[329] Es schließt sowohl die reale oder faktische als auch die ideale oder kritische Dimension ein. In Bezug auf Alexys Definition des Rechts spiegelt die ideale Seite die moralische Richtigkeit wieder, während die ordnungsgemäße Gesetztheit und die soziale Wirksamkeit die faktische Seite darstellen.[330] Die essentielle Eigenschaft der realen Dimension des Rechts ist der Zwang.[331] Wenn das Recht nur durch ordnungsgemäße Gesetztheit und soziale Wirksamkeit definiert wird bzw. wenn es ausschließlich die faktische Seite beinhaltet, handelt es sich um einen positivistischen Rechtsbegriff. Demgegenüber nimmt der Nichtpositivismus das dritte Element, also die Richtigkeit in den Rechtsbegriff auf. Die Doppelnaturthese impliziert den nichtpositivistischen Standpunkt.

Bei der Richtigkeit handelt es sich um die ideale Dimension, weil die Richtigkeit oder Wahrheit eine regulative Idee ist. Die Rechtspraxis ist eine faktische Handlung. Dass im Recht ein Anspruch auf Richtigkeit notwendig erhoben wird, bedeutet, dass die Handlungssubjekte einen Anspruch erheben, der sich weitestgehend der absoluten Richtigkeit annähert. Der Richtigkeitsanspruch kann daher die ideale Dimension mit der realen Dimension verbinden.

---

329 *Alexy*, The Dual Nature of Law, S. 167 ff.; Auch *ders.* On the Concept and the Nature of Law, S. 292 ff.; *ders.* Hauptelemente einer Theorie der Doppelnatur des Rechts, S. 152 ff.
330 Vgl. etwa. *Alexy*, Begriff und Geltung des Rechts, S. 29.
331 *Alexy*, On the Concept and the Nature of Law, S. 292.

3.3.2 Der Richtigkeitsanspruch in der idealen Ebene des Rechts

3.3.2.1 Die Möglichkeit des Richtigkeitsanspruchs

Tatsächlich kann das Recht einen Anspruch auf Richtigkeit erheben, und zwar durch seine Repräsentanten. Diese handlungsfähigen Subjekte sind im und für das Recht tätig, indem sie es schaffen, interpretieren, anwenden und durchsetzen.[332] Die Gesetzgeber und Richter erheben den Anspruch auf Richtigkeit mit Gesetzesbeschlüssen und gerichtlichen Urteilen. Die Prozessbeteiligten und die Anwälte erheben diesen Anspruch indes mit ihren Behauptungen. Obwohl es die Unterscheidung zwischen institutionellen und nicht-institutionellen Akten gibt, sichert ihre Rolle als Teilnehmer des Rechtssystems die Objektivität ihres Anspruchs. Das Recht erhebt einen Richtigkeitsanspruch durch die Personen.

3.3.2.2 Die Notwendigkeit des Richtigkeitsanspruchs

Die Notwendigkeit des Richtigkeitsanspruchs wird von Alexy mit dem Richtigkeitsargument begründet. Das Richtigkeitsargument besagt, dass der Anspruch auf Richtigkeit ein notwendiges Element des Rechtsbegriffs ist.[333] Gemäß der klassifizierenden Bedeutung sind die Normensysteme, die den Richtigkeitsanspruch nicht explizit oder implizit erheben, keine Rechtssysteme. Nach der qualifizierenden Bedeutung sind Rechtssysteme, die diesen Anspruch zwar erheben, ihn aber nicht erfüllen, rechtlich fehlerhafte Rechtssysteme. Eine ausschließlich qualifizierende Bedeutung kommt dem Anspruch auf Richtigkeit bei einzelnen Rechtsnormen und einzelnen rechtlichen Entscheidungen zu, bzw. sie sind rechtlich fehlerhaft, wenn sie den Anspruch auf Richtigkeit nicht erheben oder nicht erfüllen.[334]

---

[332] *Alexy*, Hauptelemente einer Theorie der Doppelnatur des Rechts, S. 152; *ders*., Recht und Richtigkeit, S. 4.
[333] *Alexy*, Begriff und Geltung des Rechts, S. 62.
[334] *Alexy*, Begriff und Geltung des Rechts, S. 64.

Um die These, dass mit dem Recht der Anspruch auf Richtigkeit notwendigerweise verbunden ist, zu begründen, führt Alexy zwei Beispiele an. Das erste Beispiel betrifft den ersten Verfassungsartikel für den Staat X, welcher lautet:

(1) X ist eine souveräne, föderale und ungerechte Republik.[335]

Dieser Artikel hat nach Alexy etwas Fehlerhaftes. Neben einem technischen Fehler (der Artikel ist unzweckmäßig), einem moralischen Fehler (der Staat wird als ungerecht bezeichnet) und einem konventionellen Fehler (es wird gegen eine verbreitete Konvention verstoßen) stellt Alexy insbesondere einen begrifflichen Fehler fest, da gegen Regeln, die für Sprechakte, d.h. für sprachliche Äußerungen als Handlungen, konstitutiv sind, verstoßen wird. Der Verfassungsgeber begehe einen performativen Widerspruch, wenn der Inhalt seines Sprechaktes den Richtigkeitsanspruch negiere, obwohl er ihn mit dem Vollzug des Sprechaktes erhebe.[336] Damit schließt der verfassunggebende Akt notwendig den Anspruch auf Richtigkeit mit ein.

Ähnlich ist das zweite Beispiel, das sich auf die Ebene der Rechtsanwendung bezieht.

(2) Der Angeklagte wird, was eine falsche Interpretation des geltenden Rechts ist, zu lebenslanger Freiheitsstrafe verurteilt.[337]

Der Richter begeht, wie der Verfassungsgeber, einen performativen Widerspruch und in diesem Sinne einen begrifflichen Fehler. Diesbezüglich sollen sowohl der Verfassungsgeber als auch der Richter auf den verschiedensten Ebenen einen Anspruch auf Richtigkeit erheben.[338]

---

335 *Alexy*, Begriff und Geltung des Rechts, S. 65.
336 *Alexy*, Begriff und Geltung des Rechts, S. 65 ff.
337 *Alexy*, Begriff und Geltung des Rechts, S. 68.
338 *Alexy*, Begriff und Geltung des Rechts, S. 69.

3.3.3 Der Richtigkeitsanspruch in der realen Ebene des Rechts

Die vorrangige Aufgabe des Rechts in der realen Ebene ist es, eine Entscheidung zu treffen. Die Gesetzmäßigkeit und soziale Wirksamkeit spielen hier eine zentrale Rolle und können auch als die positivistische Dimension des Rechts bezeichnet werden. Dies bildet die legale Ebene des Richtigkeitsanspruchs. Darüber hinaus gibt es noch eine moralische Ebene. Aus dem juristischen Diskurs als Sonderfall des allgemeinen praktischen Diskurses folgt die Besonderheit des juristischen Richtigkeitsanspruchs, der sowohl ein Anspruch auf Gesetzmäßigkeit als auch ein Anspruch auf Vernünftigkeit ist. Der Anspruch auf Richtigkeit verbindet die ideale und die reale Dimension des Rechts.

3.3.3.1 Richtigkeit im realen Recht

Die Richtigkeit im realen Recht beinhaltet zwei Aspekte,[339] die sich jeweils auf die ideale und reale Dimension beziehen. Es handelt sich vor allem um die Gesetzmäßigkeit, dass „die Entscheidung richtig begründet ist, wenn man vom geltenden Recht ausgeht, ganz gleich, wie es beschaffen ist“[340]. Eine Entscheidung ist in diesem Sinne im Rahmen der geltenden Rechtsordnung richtig. Bei dem zweiten Aspekt handelt es sich um die Vernünftigkeit oder Gerechtigkeit. Das Prinzip der Gerechtigkeit fordert eine moralisch richtige Entscheidung. Dies entspricht der These, dass Recht und Moral im Zusammenhang stehen.

---

339 *Alexy*, Nachwort, S. 432 f.; auch *ders.* The Dual Nature of Law, S. 174.
340 *Alexy*, Nachwort, S. 432.

3.3.3.1.1 Das Prinzipienargument

Die Vereinigung vom rechtlichen und moralischen Richtigkeitsanspruch im Recht wird von Alexy zunächst mit dem Prinzipienargument begründet[341]. Es besagt, dass „der Richter auch im Offenheitsbereich des positiven, also des gesetzten und wirksamen Rechts rechtlich gebunden ist, und zwar auf eine Weise, die eine notwendige Verbindung von Recht und Moral herstellt“[342]. Die Grundlage des Prinzipienarguments ist die Unterscheidung zwischen zwei verschiedenen Arten von Normen, den Regeln und den Prinzipien.

Die normentheoretische Unterscheidung von Regeln und Prinzipien geht auf Dworkin und einige deutschsprachige Autoren, wie zum Beispiel Josef Esser zurück. Alexy hat diese rechtstheoretische Unterscheidung übernommen und auf dieser Basis eine eigene Prinzipientheorie entwickelt. Nach seiner Auffassung sind Regeln die Normen, die bei Erfüllung eines Tatbestandes eine definitive Rechtsfolge anordnen. Sie haben den Charakter von definitiven Geboten.[343] Prinzipien seien hingegen Optimierungsgebote, die gebieten, dass etwas in einem relativ auf die tatsächlichen und die rechtlichen Möglichkeiten möglichst hohen Maße realisiert werde.[344] Prinzipien seien abwägungsfähig und -bedürftig, weil die rechtlichen Möglichkeiten der Erfüllung eines Prinzips wesentlich durch gegenläufige Prinzipien bestimmt würden.[345] Der grundlegende Unterschied zwischen den beiden Normarten ist damit ihr unterschiedliches Kollisionsverhalten. Die Regelkollision werde entweder durch die Einfügung von Ausnahmeklauseln oder durch die Erklärung der Ungültigkeit einer der kollidierenden Regeln gelöst.[346] Ganz anders stelle sich die Lösung der Prinzipienkollision dar, die durch Abwägung und konkrete Vorrangrelationen erfolge.[347] Die Bedeutung der Unterscheidung der beiden Normarten bestehe darin, dass die notwen-

341 Vgl. *Alexy*, Begriff und Geltung des Rechts, S. 117 ff.
342 *Alexy*, Begriff und Geltung des Rechts, S. 119.
343 *Alexy*, Begriff und Geltung des Rechts, S. 119 f.
344 *Alexy*, Begriff und Geltung des Rechts, S. 120.
345 *Alexy*, Begriff und Geltung des Rechts, S. 120.
346 *Alexy*, Zur Struktur der Rechtsprinzipien, S. 33.
347 *Alexy*, Theorie der Grundrechte, S. 77 ff.

dige Anwesenheit von Prinzipien im Rechtssystem zu einem notwendigen Zusammenhang zwischen dem Recht und irgendeiner Moral führe.[348] Anders als Regeln haben Prinzipien eine doppelte Eigenschaft. Sie gehören zugleich zum Recht und zur Moral. Hieraus folgt, dass der Anspruch auf rechtliche Richtigkeit, der mit der Entscheidung notwendig verbunden ist, einen Anspruch auf moralische Richtigkeit einschließt.[349]

Die Unterscheidung zwischen Prinzipien und Regeln besitzt Relevanz für den notwendigen Zusammenhang zwischen Recht und Moral, die von Alexy anhand von drei Unterthesen, der Inkorporationsthese, der Moralthese und der Richtigkeitsthese, weiter erläutert wird. Die Inkorporationsthese besagt, dass jedes wenigstens minimal entwickelte Rechtssystem Prinzipien inkorporiert.[350] Jedes Rechtssystem hat einen Offenheitsbereich, in dem zweifelhafte Fälle liegen. Diese können nicht allein aufgrund des vorgegebenen autoritativen Materials gelöst werden. Im Offenheitsbereich des Rechtssystems ist eine Abwägung unvermeidlich, weswegen der Abwägende sich auf Prinzipien stützt.[351] Aber aus der Inkorporationsthese allein ergibt sich noch kein notwendiger Zusammenhang zwischen Recht und Moral. Daher stellt Alexy zusätzlich die Moralthese auf, nach der unter den in zweifelhaften Fällen zu berücksichtigenden Prinzipien stets solche zu finden sind, die zu irgendeiner Moral gehören.[352] Dann haben Prinzipien eine doppelte Eigenschaft und verbinden das Recht mit der Moral. Aber diese Moral ist nicht irgendeine Moral, sondern eine Moral, die den Anspruch erhebt, eine richtige Moral zu sein. Alexy versteht die Richtigkeitsthese als das Ergebnis einer Anwendung des Richtigkeitsarguments im Rahmen des Prinzipienarguments.[353]

Durch die oben erwähnten Argumente und Thesen begründet Alexy die Notwendigkeit des Erhebens des Anspruchs auf Richtigkeit, die gleichzeitig moralisch und

---

[348] *Alexy*, Begriff und Geltung des Rechts, S. 127.
[349] *Alexy*, Begriff und Geltung des Rechts, S. 129 ff.
[350] *Alexy*, Begriff und Geltung des Rechts, S. 121.
[351] *Alexy*, Begriff und Geltung des Rechts, S. 122 ff.
[352] *Alexy*, Begriff und Geltung des Rechts, S. 127.
[353] *Alexy*, Begriff und Geltung des Rechts, S. 130.

rechtlich ist. Im Zuge der Sonderfallthese wird der Richtigkeitsbegriff verändert. Nicht nur die Ergebnisse des juristischen Diskurses, sondern auch der Richtigkeitsbegriff müssen sich im Rahmen der geltenden Rechtsordnung befinden.

3.3.3.1.2 Die Radbruchsche Formel

Es ist möglich, dass einer Entscheidung tatsächlich der Richtigkeitsanspruch fehlt, doch auch dann verliert sie nicht notwendig ihren gültigen richterlichen Charakter. Diese Entscheidung ist aber stets in einem nicht nur moralisch relevanten Sinne fehlerhaft.[354] Um die äußerste Grenze des Rechts deutlich zu machen, führt Alexy die Radbruchsche Formel ein:

„Extremes Unrecht ist kein Recht".[355]

Wenn ein positives Gesetz eine bestimmte Schwelle der Ungerechtigkeit überschreitet, verliert es seinen Rechtscharakter. Aufgrund dieser Formel entwickelt Alexy das Unrechtsargument, um so einen weitergehenden begrifflichen Zusammenhang zwischen Recht und Moral zu rechtfertigen.[356]

3.3.3.2 Die Notwendigkeit des Richtigkeitsanspruchs

Das reale Recht besteht aus den objektiven Normen. Jede Norm soll objektiv richtig angewendet werden. Aber im realen Rechtssystem ist die Subjektivität unvermeidbar, weil die Subjekte der Rechtsanwendung Menschen sind. Mit Hilfe des

---

[354] *Alexy*, Theorie der juristischen Argumentation, S. 266 f.
[355] *Alexy*, A Defence of Radbruch´s Formula, S. 17; Auch *ders.* Mauerschützen: zum Verhältnis von Recht, Moral und Strafbarkeit, S. 4.
[356] Das Unrechtsargument beinhaltet insgesamt acht Unterargumente. Diese sollen an dieser Stelle nicht weiter entfaltet werden. Zur Diskurssion des Unrechtsarguments, vgl. *Alexy*, Begriff und Geltung des Rechts, S. 70 – 117. Eine Kritik des Unrechtsarguments vom Standpunkt des Streits zwischen dem Positivismus und Nichtpositivismus, vgl. *Engländer*, Zur begrifflichen Möglichkeit des Rechtspositivismus. Eine Kritik des Richtigkeitsarguments von Robert Alexy, S. 455 ff.

Richtigkeitsanspruchs erfolgt der Übergang von der Subjektivität zur Objektivität. Es gibt ganz unterschiedliche Arten von Handlungssubjekten im Rechtssystem.[357] Dementsprechend wird in Bezug auf den Richtigkeitsanspruch zwischen dem institutionellen Richtigkeitsanspruch und dem nicht-institutionellen Richtigkeitsanspruch unterschieden. Die Gesetzgeber und Richter haben die Pflicht, Gesetze objektiv zu beschließen und objektiv anzuwenden, während die Prozessbeteiligten und Anwälte das Recht haben, objektiv oder subjektiv etwas zu behaupten. Aber wenn sie am juristischen Diskurs teilnehmen, müssen ihre Behauptungen im diskursiven Prozess überprüft werden. Durch den Richtigkeitsanspruch, den sie notwendig erheben, wird schließlich ein objektives Ergebnis erreicht.

3.4 Die doppelte Natur der Rechtsanwendung

3.4.1 Der ideale und reale praktische Diskurs

Alexy unterscheidet den idealen praktischen Diskurs vom realen praktischen Diskurs. Der ideale Diskurs ist ein in allen Hinsichten idealer Diskurs, bei dem „unter den Bedingungen unbegrenzter Zeit, unbegrenzter Teilnehmerschaft und vollkommener Zwanglosigkeit im Wege der Herstellung vollkommener sprachlich-begrifflicher Klarheit, vollkommener empirischer Informiertheit, vollkommener Fähigkeit und Bereitschaft zum Rollentausch und vollkommener Vorurteilsfreiheit die Antwort auf eine praktische Frage gesucht wird“[358]. Im Gegensatz dazu ist der reale Diskurs in keiner Hinsicht ideal. Die Voraussetzungen des idealen Diskurses können im realen Diskurs niemals vollständig verwirklicht werden. Der ideale Diskurs als eine regulative Idee ist sinnvoll. Auf der realen Ebene müssen die Diskursbedingungen so weit wie möglich ideal verwirklicht werden. Damit hat der reale Diskurs sowohl ein potentielles Vermögen, das Ideal zu erreichen, als auch eine relative Eigenschaft.

---

[357] *Alexy*, Theorie der juristischen Argumentation, S. 261 f.
[358] *Alexy*, Probleme der Diskurstheorie, S. 113.

3.4.2 Die ideale Rechtsanwendung

Die Rechtsanwendung ist ein Diskurs. Innerhalb der Rechtsanwendung ist auch zwischen idealer und realer Ebene zu unterscheiden. Eine ideale Rechtsanwendung ist dadurch definiert, dass die idealen Subjekte, die vernünftig oder moralisch sind, unter den vollkommenen Anwendungsbedingungen und Verfahrensregeln, das fehlerlose Recht richtig anwenden, um ein rein objektives Ergebnis zu erreichen, und zugleich einen Anspruch auf absolute Richtigkeit oder auf die Wahrheit zu erheben. Der Begriff der idealen Rechtsanwendung besteht aus vier Elementen: (1) den idealen Subjekten, bzw. Vernunftwesen; (2) den idealen diskursiven Anwendungsbedingungen und Verfahrensregeln; (3) dem rein objektiven Ergebnis und (4) dem Anspruch auf absolute Richtigkeit oder Wahrheit. Die ideale Rechtsanwendung kann auch als rein objektive Anwendung bezeichnet werden.

3.4.3 Die reale Rechtsanwendung

Gegenüber der idealen Rechtsanwendung ist die reale Rechtsanwendung in keiner Hinsicht ideal.

3.4.3.1 Begriff und Struktur

Die reale Rechtsanwendung ist faktisch. Sie unterscheidet sich von der idealen Rechtsanwendung nur darin, dass aus vollkommenen Bedingungen begrenzte werden. Der Begriff der realen Rechtsanwendung ist dadurch definiert, dass die realen Subjekte, die rational sind, unter den unvollkommenen Anwendungsbedingungen und Verfahrensregeln, das positive Recht anwenden, um ein objektives Ergebnis zu erreichen, und zugleich einen Anspruch auf relative Richtigkeit zu erheben. Die Handlungssubjekte der realen Rechtsanwendung entsprechen den faktischen Menschen.

Mit ihrer unvollkommenen Fähigkeit zur Erkenntnis und ihrem unvollkommenen Urteilsvermögen wenden sie das Recht unter begrenzten diskursiven Bedingungen, zum Beispiel in einem begrenzten Zeitraum, an. Vom Standpunkt der Handlungssubjekte aus, die als Menschen eine doppelte Natur haben, ist das Ergebnis der Diskursprozedur weder nur subjektiv noch nur objektiv.[359] Während die Natur des Menschen der Subjektivität folgt, streben die Handlungssubjekte als Diskursteilnehmer nach Objektivität. Die reale Rechtsanwendung ist daher eine relativ objektive Rechtsanwendung, in der die Objektivität mit der Subjektivität verflochten ist. Demzufolge koexistieren die subjektive und die objektive Ebene in der realen Rechtsanwendung.

3.4.3.2 Zwei Ebenen der realen Rechtsanwendung

3.4.3.2.1 Die subjektive Ebene der realen Rechtsanwendung

Die reale Rechtsanwendung enthält, bedingt durch die Natur der Handlungssubjekte, eine subjektive Ebene. Die Subjektivität wohnt dem Begriff des Menschen inne. In Bezug auf die intern reale Natur des Menschen sind die Subjekte der realen Rechtsanwendung unfähig die Rechtsnormen vollkommen zu erkennen, zu verstehen oder zu verwenden. Sie sind auch moralisch nicht perfekt. Daraus, dass das Recht den privaten Freiraum des Individuums schützt, folgt, dass die Objektivität in gewissem Maße nur eine mögliche Auswahl ist. Das Interesse und der Wille des Individuums spielen hinsichtlich dieses Freiraums eine bedeutende Rolle. Für die Rechtsanwendung ist die Objektivität unvermeidlich.

---

[359] *Alexy*, Probleme der Diskurstheorie, S. 121.

3.4.3.2.2 Die objektive Ebene der realen Rechtsanwendung

Die reale Rechtsanwendung ist auch objektiv. In erster Linie ist der Gegenstand der Rechtsanwendung, nämlich die positive Rechtsnorm, objektiv. In einer Rechtsordnung wird verlangt, dass die Rechtsnormen objektiv angewendet werden sollen. Die Diskurstheorie ist eine prozedurale Theorie über praktische Rationalität. Eine Aussage ist nur dann richtig oder objektiv, wenn sie das Ergebnis eines rationalen parktischen Diskurses ist. Die Bedingungen der diskursiven Rationalität werden durch eine Reihe von Diskursregeln definiert.[360] Die Rechtsanwendung als eine Prozedur garantiert die Objektivität des Ergebnisses durch die diskursive Überprüfung. Entscheidend ist schließlich, dass die Subjekte der Rechtsanwendung als rationale Teilnehmer des praktischen Diskurses vorausgesetzt werden. Sie streben nach einer optimalen objektiven Entscheidung, die sich dem idealen, rein objektiven Ergebnis so weit wie möglich annähert. An einem juristischen Diskurs teilzunehmen erfordert die Einhaltung der Diskursregeln. Sämtliche Handlungssubjekte können zwar mit ihrem subjektiven Willen Behauptungen äußern, die alle jeweils einen Anspruch auf Richtigkeit erheben, doch die endgültige objektive Entscheidung wird im Zuge der diskursiven Überprüfung getroffen.

3.5 Zwischenergebnis

In der Diskurstheorie Alexys wird das Problem der Existenz der subjektiven Anwendung der Rechtsnormen nicht unmittelbar behandelt. Er ermöglicht aber durch den Anspruch auf Richtigkeit den Übergang von der subjektiven zur objektiven Rechtsanwendung. Die juristischen Diskursteilnehmer sind entweder moralisch oder ökonomisch rational. Selbst wenn sie die Rechtsnormen mit ihrem subjektiven Willen anwenden und auslegen, wird stets eine objektive Entscheidungen getroffen, weil die

[360] *Alexy*, Theorie der juristischen Argumentation, S. 234 ff.

Handlung der Diskursteilnehmer durch die Diskursregeln, Rechtsnormen und deren Rationalität beschränkt wird. Damit ist ein objektives Ergebnis definitiv erreichbar. Der Richtigkeitsanspruch ist daher ein zentraler Begriff, um die subjektive und die objektive Rechtsanwendung zu verknüpfen. Die Frage, auf welche Weise von der Subjektivität zur Objektivität gewechselt werden kann, erörtert Alexy jedoch nicht weiter. Mit dieser Frage wird sich der folgende Abschnitt befassen.

4 Zusammenfassung: Rechtsanwendung als Anwendung der Prinzipien

Im Rahmen des Nichtpositivismus ist die Subjektivität in der Rechtsanwendung unvermeidlich, weil Rechtsnormen nicht nur Regeln, sondern auch Prinzipien enthalten. Dies bedeutet aber nicht, dass das Ergebnis der subjektiven Anwendung immer subjektiv ist. Es wird unter anderem eingewendet, dass die Abwägung der Konfliktprinzipien beliebig ist. Die Analyse des Abwägungsgesetzes zeigt jedoch, dass ein objektives Ergebnis durch Abwägung möglich ist.[361] Das Problem der Objektivität liegt wesentlich in den Subjekten der Rechtsanwendung. Sie haben eine Doppelnatur. Die durch die Natur des Handlungssubjektes als realem Menschen bedingten Faktoren, wie zum Beispiel das jeweilige Interesse, führen zu einer subjektiven Anwendung des Rechts.

Dworkin weicht dieser Problematik der unvermeidlichen Subjektivität aus. Er beschreibt die Subjekte der Rechtsanwendung nur aus dem idealen Aspekt. Herkules als ein superpersonales Subjekt ist vernünftig und macht niemals Fehler. Aber er kann die Existenz der Subjektivität nicht leugnen. Demgegenüber nimmt Alexy wahr, dass es sowohl eine subjektive als auch eine objektive Dimension in der Rechtsanwendung gibt, aber er beschreibt sie nicht eindeutig. Seine These des Richtigkeitsanspruchs bietet eine Möglichkeit, von der unvermeidlichen Subjektivität zur notwendigen Objektivität überzugehen.

---

361 Vgl. etwa. *Alexy*, Theorie der Grundrechte, S. 78 ff.

Teil 4: Struktur und Modell der Rechtsanwendung

1 Einleitung

Die entsprechenden Analysen der Rechtsanwendung in den vorangegangenen Kapiteln zeigen, dass die traditionelle juristische Untersuchung der Objektivität zu viel Aufmerksamkeit geschenkt hat. Mit den Auffassungen, dass die Rechtsanwendung als eine rein objektive Anwendung, als eine Anwendung der Regeln, als eine interpretative Anwendung oder als eine diskursive Anwendung aufzufassen sei, werden die Bemühungen stark oder schwach in die Richtung konzentriert, welche die Subjektivität aus der juristischen Praxis zu entfernen versucht. In Wirklichkeit ist aber die Subjektivität, wie die Objektivität, ein integrierender Bestandteil der realen Rechtspraxis. Die normative Aussage, dass das Recht objektiv sein soll, kann nicht mit der deskriptiven Aussage, dass das Recht objektiv ist, gleichgesetzt werden. Eine reine Objektivität ist unerreichbar und die Subjektivität unvermeidbar. Aufgabe dieses Abschnitts ist es, durch die Analyse der Struktur der Rechtsanwendung ein vollständiges Modell zu entwickeln, wie die Subjektivität in Objektivität umgewandelt werden kann.

2 Begriffliche Struktur der Rechtsanwendung

Die Rechtsanwendung als Gegenbegriff zur Rechtssetzung meint, dass die Anwender mithilfe der anerkannten juristischen Methoden die Rechtsnormen anwenden, um Interessenkonflikte zu lösen bzw. um in konkreten Streitfällen anhand der normativ vorgegebenen Wertung objektive Entscheidungen zu fällen. Der Begriff der Rechtsanwendung beschränkt sich nicht nur auf die Auslegung des positiven Rechtes nach Wortlaut, Geschichte der Entscheidung und Zweck, sondern bezieht sich auch auf die Idee der Gerechtigkeit. Nach dieser Definition enthält der Begriff der Rechtsanwendung drei Elemente: (1) die Handlungssubjekte, (2) die juristischen Methoden und (3) das angestrebte Ziel.

2.1 Die Subjekte der Rechtsanwendung

Die Rechtsanwendung ist eine Handlung, die sich im engeren Sinne in der Auffindung einzelner konkreter Normen zeigt. Rechtsnormen werden nur von handlungsfähigen Subjekten verwendet, die sich in zwei Gruppen einteilen lassen. Die ersten sind offizielle oder institutionelle Subjekte. Am klarsten tritt der offizielle Charakter im Falle der Richter zutage. Richter als staatliche Organe repräsentieren die Rechtsordnung. Sie übernehmen die Verantwortung, die Rechtsnormen objektiv oder richtig anzuwenden. Ihnen stehen die nicht-institutionellen Subjekte gegenüber, die nicht der Amtspflicht unterliegen. Sie sind weiter in zwei Unterkategorien einzuteilen: die privaten und die quasi-institutionellen Subjekte. Typische Vertreter der privaten Subjekte sind Prozessparteien, die aus persönlichen Gründen am Prozess teilnehmen. Im Freiraum der Rechtsordnung haben sie das Recht zur subjektiven oder objektiven Anwendung der Normen. Aus individuellen Motivationen heraus betreiben sie die juristische Praxis, wobei sie ihrem Interesse gemäß nach ihren eigenen Zielen streben. Obwohl die quasi-institutionellen Subjekte, hauptsächlich die Rechtswissenschaftler, ebenfalls das Recht der subjektiven Rechtsanwendung haben, wenden sie aber aus moralischen Gründen die Rechtsnormen wie der Richter an. In der Rechtsanwendung tragen sie die institutionelle Verantwortung aus eigener Initiative und ahmen die Denkweise der Richter nach. Als nicht-institutionelle Subjekte handeln sie wie institutionelle Subjekte.

2.2 Die Methoden der Rechtsanwendung

Wenn man eine abstrakte Regelung enthaltende Norm auf einen konkreten Fall anwenden will, muss man mithilfe einer bestimmten Methode den Sachverhalt in eine Beziehung zum abstrakten Norminhalt setzen. Es gibt viele unterschiedliche Methoden der Rechtsanwendung, die auf verschiedenen Standards basieren, wie z. B. die Subsumtion, die Abwägung, die Analogie oder die teleologische Reduktion. Im Hinblick auf den Gegenstand der Rechtsanwendung bzw. auf die Normen werden hier zwei Grundmethoden, die Subsumtion und die Abwägung, in Betracht gezogen. „Die Anwendung von Regeln erfolgt durch die Subsumtion eines Sachverhaltes unter ihren Tatbestand und Deduktion der Rechtsfolge.... Die Anwendung von Prinzipien erfordert demgegenüber... eine Abwägung kollidierender Prinzipien."[362]

Regeln als definitive Normen sind unmittelbar subsumtionsfähig. Die Subsumtion besteht aus dem Feststellungprozess, ob ein Sachverhalt Begriffe enthält, die mit denen im Tatbestand der Norm kongruieren. Es handelt sich dabei um ein syllogistisches Schlussverfahren. Mithilfe des Syllogismus ordnen Regeln eine Rechtsfolge definitiv. Demgegenüber sehen Prinzipien ihre Rechtsfolge nur prima facie vor.[363] Damit werden Prinzipien in der Weise der optimierenden Abwägung angewandt. Nach der Unterscheidung zwischen Regeln und Prinzipien sind die hier beobachteten Methoden der Rechtsanwendung die Subsumtion und die Abwägung. Die Rechtsnormen als objektive Normen sollen und können mit den beiden Methoden objektiv angewandt werden.

[362] *Sieckmann*, Regelmodelle und Prinzipienmodelle des Rechtssystems, S. 18; auch *Alexy*, On Balancing and Subsumption. A Structural Comparison, S. 433.
[363] *Alexy*, Theorie der Grundrechte, S. 88 ff.

2.3 Das Ziel der Rechtsanwendung

Die Rechtsanwendung ist eine zielgerichtete Handlung. Das Ziel ist, die Menschen zu einem bestimmten Akt anzuhalten. Gleichermaßen verwenden die Rechtsanwender die Rechtsnormen intentional, um ihre eigenen Ziele zu erreichen. Eine zentrale Aufgabe einer Rechtsordnung ist es, durch die Entscheidung der Interessenkonflikte die Rechtsgüter zu schützen. Richter als institutionelle Subjekte sind Repräsentanten des Rechtssystems. Sie tragen die Verantwortung, das demokratisch vorgegebene Recht rational anzuwenden. Darüber hinaus sind die nicht-institutionellen Subjekte in der juristischen Praxis als rational vorausgesetzt. Damit zielen sie darauf ab, eine richtige oder objektive Entscheidung zu treffen. Dies kann als äußeres Ziel bezeichnet werden.

Daneben gibt es die inneren Ziele, welche für die Subjekte die Motivation zur Teilnahme an der rechtlichen Praxis darstellen. Richter verwenden die Rechtsnormen objektiv, um die Amtspflicht zu erfüllen und die Haftung zu vermeiden. Die Beteiligten haben keine institutionelle Verantwortung, sondern Rechte. Sie nehmen in ihrem eigenen Interesse am Prozess teil. Die Rechtswissenschaftler schließlich streben die Wahrheit oder Objektivität an. Aus moralischen Gründen und aus dem Wunsch nach Erkenntnis heraus handeln sie auf dieselbe Weise wie der Richter. Die inneren Ziele bestehen in der institutionellen Verantwortung, dem Interesse und der Erkenntnis.

3 Modelle der Rechtsanwendung

Die Konzeption der Rechtsanwendung ist maßgeblich von drei Anwendungsarten geprägt. Sie bilden drei kombinierte Modelle der Rechtsanwendung, nämlich das Idealität/Realität-Modell, das Regel/Prinzipien-Modell und das Subjektivität/Objektivität-Modell der Rechtsanwendung.

3.1 Das Idealität/Realität-Modell der Rechtsanwendung

Die Grundlage des Idealität/Realität-Modells der Rechtsanwendung ist die Doppelnatur des Rechts. Das Recht enthält notwendig sowohl eine reale oder faktische, als auch eine ideale oder kritische Dimension.[364] Entsprechend ist zwischen idealer und realer Rechtsanwendung zu unterscheiden. Die ideale Rechtsanwendung ist in allen Hinsichten ideal. Nicht nur sind seine Subjekte moralisch perfekt und vollkommen handlungsfähig, sondern die Anwendung wird unter vollkommenen Handlungsbedingungen vorgenommen. Die reale Rechtsanwendung ist dagegen in keiner Hinsicht vollkommen. Seine Subjekte sind reale Menschen mit doppelter Natur. Die ideale Anwendung dient als so etwas wie ein Maßstab für die reale Rechtsanwendung. Die beiden Dimensionen fügen sich zusammen. Ohne reale Dimension ist die Rechtsanwendung nur theoretisch. Umgekehrt hat eine bloß reale Rechtsanwendung keine Handlungsstandard.

3.2 Das Regel/Prinzip-Modell der Rechtsanwendung

Das Regel/Prinzip-Modell der Rechtsanwendung basiert auf der Unterscheidung von Regeln und Prinzipien. Regeln und Prinzipien als verschiedene Normenarten haben verschiedene definitive Charaktere. Regeln haben den Charakter von definitiven Geboten[365], während Prinzipien Optimierungsgebote sind. Aufgrund des Fehlens der Gewichtsdimension weist ein ausschließlich Regeln enthaltendes Rechtssystem notwendigerweise Lücken auf. Indes widerspricht es den unverzichtbaren Anforderungen der Rechtssicherheit, wenn ein Rechtssystem ausschließlich aus Prinzipien besteht, da es eine große Unbestimmtheit und Weichheit aufweist.[366] Mit der Anwendung der

[364] *Alexy*, The Dual Nature of Law, S. 167.
[365] Vgl. etwa *Alexy*, Rechtssystem und praktische Vernunft, S. 216.
[366] *Alexy*, Rechtssystem und praktische Vernunft, S. 222.

Prinzipien wird die Offenheitslücke beseitigt. Mit der Anwendung der Regeln wird die Rechtssicherheit garantiert.

3.3 Das Subjektivität/Objektivität-Modell der Rechtsanwendung

Die Anwendung der Rechtsnorm ist einerseits subjektiv. Eine vollständige Beseitigung der Subjektivität ist unmöglich, weil die faktischen Menschen das Recht unter realen unvollkommenen Bedingungen ausführen. Die Objektivität als das Endziel der Rechtsanwendung ist andererseits erforderlich. Die objektive Rechtsanwendung lässt sich in zwei Arten unterteilen. Die eine ist die rein objektive Rechtsanwendung, die nur im Ideal besteht. Die andere ist die relativ objektive Rechtsanwendung, die mit der subjektiven Rechtsanwendung in der Realität koexistiert. Aus der Tatsache, dass die reine Objektivität ein Ideal und die Subjektivität nicht zu beseitigen ist, folgt, dass nicht ein blindes Streben nach der reinen Objektivität bei gleichzeitigem Ignorieren der Subjektivität Aufgabe der Rechtsanwendung sein kann, sondern dass durch subjektive Anwendung ein objektives Ergebnis erreicht werden muss.

3.4 Das komplexe Modell der Rechtsanwendung

In den oben genannten drei Modellen wird die Rechtsanwendung unter verschiedenen Aspekten beschrieben. Jedes spiegelt bestimmt Dimensionen der Rechtsanwendung wieder, aber keines ist vollständig. Im Alltag braucht die Rechtspraxis ein komplexes Modell, sprich eine Kombination dieser Modelle. Im konkreten Fall werden die Modelle ausgewählt und angewandt, damit eine möglichst optimale Kombination der Modelle der Rechtsanwendung gefunden wird.

3.4.1 Die rein objektive Rechtsanwendung als Ideal

Im idealen Modell ist die Anwendung der Regeln und Prinzipien rein objektiv. Die idealen Anwendungssubjekte haben nicht nur vollkommene Fähigkeiten zur Erkenntnis und zum Handeln, sondern sie sind auch vernünftig und vorurteilsfrei. Unter den unbegrenzten zeitlichen Bedingungen wenden sie die Rechtsnormen richtig durch Subsumtion und Abwägung mit vollkommener Zwanglosigkeit an. Die rein objektive Rechtsanwendung ist ein Ideal, das zwar in der Tat nicht völlig realisiert werden kann, das aber für die Orientierung der Rechtsanwendung wesentlich und zum Ziel der Richtigkeit beiträgt.

3.4.2 Subjektive/objektive Rechtsanwendung in der Realität

3.4.2.1 Die objektive Ebene

Die Anwendung der Rechtsnormen, die aus Regeln und Prinzipien bestehen, *soll* objektiv angewandt werden. Basierend auf der Normstruktur wird sich die Rechtsanwendung wiederum in die Anwendung von Regeln und von Prinzipien einteilen lassen. Zwischen den zwei Normenarten gibt es einen logischen Unterschied.[367] Deswegen sind ihre Anwendungsweisen im Wesentlichen nicht identisch. Während Regeln der Subsumtion unterliegen, bedürfen Prinzipien der Abwägung. Im Folgenden wird die These vertreten, dass sowohl die Anwendung von Regeln, als auch die Anwendung von Prinzipien objektiv sein soll.

---

[367] Alexy unterscheidet drei Thesen zum Verhältnis zwischen Regeln und Prinzipien. Die starke Trennungsthese besagt, dass Regeln sich von Prinzipien nicht gradual unterscheiden, sondern dass sie normative Maßstäbe mit ganz unterschiedlicher logischer Struktur sind. Die schwache Trennungsthese besagt dagegen, dass Regeln und Prinzipien unter logischen Gesichtspunkten dem Grade nach unterschieden werden können. Im Gegensatz zur Trennungsthese besagt die Übereinstimmungsthese, dass es keinen logischen Unterschied zwischen Regeln und Prinzipien gibt. Vgl. *Alexy*, Zum Begriff des Rechtsprinzips, S. 184ff.

3.4.2.1.1 Die objektiv richtige Anwendung der Rechtsnorm

3.4.2.1.1.1 Die objektiv richtige Anwendung der Regeln

Regeln als Normen sind definitive Gebote. Sie können entweder erfüllt oder nicht erfüllt werden. Wenn eine Regel gilt, dann ist es geboten, genau das zu tun, was sie verlangt, nicht mehr und nicht weniger.[368] Die für Regeln charakteristische Form der Rechtsanwendung ist die Subsumtion, also die Anwendung der Regeln auf Sachverhalte in Gestalt des klassischen Justizsyllogismus. Nach ihrer logischen Form geht es bei den Regeln um abstrakt generelle Sollenssätze in Gestalt von Wenn-dann-Sätzen, die eine Rechtsfolge mit dem Vorliegen bestimmter Voraussetzungen verbindet. Die Rechtsfolge setzt die Erfüllung eines Tatbestandes voraus. Mit Hilfe des Syllogismus wird die Subsumtion vollzogen. Die formale Struktur der Subsumtion kann durch ein deduktives Schema dargestellt werden:

(1) $(x)\ (Tx \rightarrow ORx)$

(2) $(x)\ (M^1x \rightarrow Tx)$

(3) $(x)\ (M^2x \rightarrow M^1x)$

.

.

.

(n + 2) $(x)\ (Sx \rightarrow M^nx)$

(n + 3) Sa

(n + 4) ORa (1) - (n + 3)[369]

[368] *Alexy*, Theorie der Grundrechte, S. 76.

[369] *Alexy*, On Balancing and Subsumption. A Structural Comparison, S. 433 f.; auch *ders.*, Theorie der juristischen Argumentation, S. 274 ff.

Dieses Schema wird als Subsumtionsformel bezeichnet.[370] Die Formel stellt die Prämissen und das Ergebnis der Subsumtion dar. (1) gibt die Formulierung einer Norm wieder. (2) - (n + 2) sind die semantischen Regeln. Sie verknüpfen den Begriff, den die Bedingungen im Vordersatz der Norm (*T*) ausdrücken, mit dem Begriff, der den Fall (*S*) beschreibt. (n + 3) ist die Darstellung eines bestimmten Falls und (n + 4) formuliert ein konkretes rechtliches Sollensurteil. Die Struktur der Subsumtion in der Rechtsanwendung wird durch die allgemeine Form der internen Rechtfertigung expliziert.[371] Wenn die Norm eine Regel ist, bezeichnet die Subsumtion schließlich den logischen Schluss vom Sachverhalt, über die anzuwendende Regel auf die Rechtsfolge. Immer dann, wenn ein Fall durch Subsumtion unter eine Regel gelöst werden kann, ist er ohne Abwägung zu lösen.[372] Dies kann als die Subsumtion im engen Sinne bezeichnet werden, mit der eine objektive Entscheidung getroffen werden soll.

Wenn jedoch die erste Prämisse $(x)\ (Tx \rightarrow ORx)$ der internen Rechtfertigung nicht unmittelbar dem positiven Recht entnommen werden kann, wie Alexy im Lebach-Urteil[373] zeigt, wird sie basierend auf der Abwägung ergänzt womit Prinzipien im Spiel kommen.

3.4.2.1.1.2 Die objektiv richtige Anwendung der Prinzipien

Im Gegensatz zu Regeln sind Prinzipien Normen, die gebieten, dass etwas in einem relativ auf die rechtlichen und tatsächlichen Möglichkeiten möglichst hohen Maße realisiert wird. Prinzipien können in unterschiedlichem Grade erfüllt werden und haben damit eine Dimension des Gewichts. Wenn zwei Prinzipien kollidieren, geht das im konkreten Fall über größeres Gewicht verfügende Prinzip vor.[374] Prinzi-

[370] *Alexy*, On Balancing and Subsumption. A Structural Comparison, S. 434.
[371] Die Begründung der juristischen Urteile enthält zwei Aspekte: die interne und externe Rechtfertigung. Bei der internen Rechtfertigung handelt es sich darum, ob das Urteil aus den zur Begründung angeführten Sätzen logisch folgt. Der Gegenstand der externen Rechtfertigung ist die Wahrheit, Richtigkeit oder Akzeptabilität der Prämissen der internen Rechtfertigung. *Alexy*, Die logische Analyse juristischer Entscheidungen, S. 17 f.; Zum Verhältnis der beiden Aspekte vgl. weiter *ders.*, Theorie der juristischen Argumentation, S. 274 ff.
[372] *Alexy*, Abwägung in der Rechtsanwendung, S. 81.
[373] Zum Lebach-Urteil, siehe *Alexy*, Die logische Analyse juristischer Entscheidungen, S. 29 ff.
[374] *Alexy*, Theorie der Grundrechte, S. 78 ff.

pien als Normen werden im Wege der Abwägung angewandt. Das Problem der Struktur der Abwägung bildet den Kern des Problems der Abwägung im Recht.[375] Alexy entwickelt ein der Subsumtionsformel analoges Schema, um die formale Struktur der Abwägung zu erklären. Dieses Schema wird als Gewichtsformel bezeichnet, die auf Rationalität und Legitimität der Abwägung zielt. Bevor die Gewichtsformel erläutert wird, müssen an dieser Stelle zunächst das Kollisionsgesetz und das Abwägungsgesetz erklärt werden.

Die Lösung der Prinzipienkollision liegt in der Bildung einer Vorrangrelation. Es gibt vier mögliche Vorrangrelationen zwischen den Prinzipien P_1 und P_2:[376]

(1) $P_1 \mathbf{P} P_2$

(2) $P_2 \mathbf{P} P_1$

(3) $(P_1 \mathbf{P} P_2) C$

(4) $(P_2 \mathbf{P} P_1) C$

Hier werden die Zeichen **P** als Symbol für die Vorrangrelation und *C* für die Bedingungen dieser Relation verwendet. (1) und (2) als unbedingte Vorrangrelationen werden hier ausgeschlossen, weil es kein Prinzip absoluten Vorrangs vor dem anderen hat.[377] Es bleiben also nur die durch (3) und (4) notierten Möglichkeiten einer bedingten oder relativen Vorrangrelation. Die Bedingungen des Vorgangs sind die spezifischen Umstände des konkreten Falls. Auf der Basis dieser Bedingungen werden Prinzipien gegeneinander abgewogen, wobei das Prinzip mit dem jeweils größeren Gewicht vorgeht. Wenn eine Bedingung *C* vorliegt, nach der das Prinzip P_1 dem kollidierenden Prinzip P_2 vorgeht, soll die aus P_1 folgende Rechtsfolge eintreten. Das Kollisionsgesetz lässt sich folgendermaßen formulieren:

---

[375] *Alexy*, Die Gewichtsformel, S. 771.
[376] *Alexy*, Theorie der Grundrechte, S. 82.
[377] Alexy zitiert den Satz vom Beschluss des Bundesverfassungsgerichts, dass „keiner dieser Belange […] schlechthin den Vorrang vor dem anderen [genießt]", um den absoluten Vorrang von Prinzipien zu verneinen. *Alexy*, Theorie der Grundrechte, S. 82; BVerfGE 51, 324 (346).

„(K) Wenn das Prinzip P_1 dem Prinzip P_2 unter den Umständen C vorgeht: $(P_1 \mathbf{P} P_2)\, C$, und wenn sich aus P_1 unter den Umständen C die Rechtsfolge R ergibt, dann gilt eine Regel, die C als Tatbestand und R als Rechtsfolge enthält: $C \rightarrow R$."[378]

Nach dem Kollisionsgesetz geht das Prinzip mit größerem Gewicht unter bestimmten Bedingungen im konkreten Fall vor. Der Vergleich des Gewichts gegenläufiger Prinzipien wird durch Abwägung vorgenommen.

Die Struktur der rationalen Abwägung kann durch das Abwägungsgesetz charakterisiert werden. Nach Alexy ist die Prinzipientheorie mit dem Grundsatz der Verhältnismäßigkeit äquivalent.[379] Der Grundsatz der Verhältnismäßigkeit mit seinen drei Teilgrundsätzen der Geeignetheit, der Erforderlichkeit und der Verhältnismäßigkeit im engeren Sinne ist aus dem Charakter der Prinzipien logisch deduzierbar. Während die Grundsätze der Geeignetheit und der Erforderlichkeit aus dem Charakter der Prinzipien als Optimierungsgebote relativ auf die tatsächlichen Möglichkeiten folgen, geht es bei der Verhältnismäßigkeit im engeren Sinne darum, dass Prinzipien Optimierungsgebote relativ auf die rechtlichen Möglichkeiten sind.[380] Nur die Verhältnismäßigkeit im engeren Sinne betrifft die Abwägung und wird durch das materielle Abwägungsgesetz definiert:

„(A) Je höher der Grad der Nichterfüllung oder Beeinträchtigung des eines Prinzips ist, um so größer muss die Wichtigkeit der Erfüllung des anderen sein."[381]

Um den Einwand, dass die Abwägung wegen des Fehlens rationaler Maßstäbe sich entweder willkürlich oder unreflektiert nach eingewöhnten Standards und Rangordnungen vollziehen muss,[382] zu entkräften, hat Alexy in jüngeren Arbeiten ein

[378] *Alexy*, Theorie der Grundrechte, S. 83.
[379] *Alexy*, Theorie der Grundrechte, S. 100 ff.
[380] Zum Grundsatz der Verhältnismäßigkeit mit Prinzipiencharakter, vgl. ferner *Alexy*, Theorie der Grundrechte, S. 100 ff.
[381] *Alexy*, Theorie der Grundrechte, S. 146; vgl. auch *ders.*, Rechtsregeln und Rechtsprinzipien, S. 27; *ders.*, Zur Struktur der Rechtsprinzipien, S. 36; *ders.*, Die Abwägung in der Rechtsanwendung, S. 72.
[382] *Habermas*, Faktizität und Geltung, S. 315 f.

triadisches Modell zur Präzisierung des Abwägungsgesetzes entwickelt. Die dreistufige Skalierung lässt sich durch die Ausdrücke „leicht“, „mittel“ und „schwer“ mit den Buchstaben „*l*“, „*m*“ und „*s*“ kennzeichnen. Nach dem Abwägungsgesetz werden einerseits die Wichtigkeit der Erfüllung des Prinzips, andererseits der Grad der Nichterfüllung oder Beeinträchtigung des gegenläufigen Prinzips als „*l*“, „*m*“ und „*s*“ bewertet.[383] In einer weiter entwickelten doppeltriadischen Skala werden die drei Werte noch ein weiteres Mal in „leicht“, „mittel“ und „schwer“ unterteilt.[384]

Alexy führt die „Gewichtsformel“ zur näheren Explikation der Struktur der Abwägung und des Gewichts eines Prinzips ein. Zur Mathematisierung der Abwägungsentscheidung verwendet er die triadische Skala im Rahmen seiner Gewichtsformel als Berechnungsgrundlage. Das Kernstück der Gewichtsformel lautet:[385]

$$G_{ij} = \frac{I_i}{I_j}$$

Das unter der Bedingung C bestehende konkrete Gewicht G von P_i relativ auf P_j wird als G_{ij} notiert. I_i und I_j werden als Zeichen für die konkrete Eingriffsintensität der kollidierenden Prinzipien P_i und P_j verwendet. Weitergehend entwickelt Alexy eine vollständige Gewichtsformel unter Hinzufügung von zwei Faktoren: (1) der abstrakten Gewichte der kollidierenden Prinzipien G_i und G_j, und (2) S_i und S_j, die Sicherheit der Erkenntnis der empirischen Annahmen über die Realisierung oder Nichtrealisierung der gegenläufigen Prinzipien durch die jeweilige Maßnahme. Das vollständige Abwägungsgesetz wird wie folgt formuliert:[386]

$$G_{ij} = \frac{I_i \cdot G_i \cdot S_i}{I_j \cdot G_j \cdot S_j}$$

---

383 Zur triadischen Skalierung siehe *Alexy*, Die Abwägung in der Rechtsanwendung, S. 74 ff.
384 *Alexy*, Die Gewichtsformel, S. 786 f.
385 *Alexy*, Die Gewichtsformel, S. 785.
386 *Alexy*, Die Gewichtsformel, S. 790.

Nach ihm wird aus den Prämissen auf eine arithmetische Weise die Schlussfolgerung gezogen. Im Falle einer Prinzipienkollision können Grade der Beeinträchtigung, der Wichtigkeit der abstrakten Gewichte oder der Sicherheit mithilfe der triadischen Skalierung quantifiziert werden, um eine Entscheidung zu treffen oder zu begründen. Aus der Analyse der Struktur der Abwägung folgt, dass die Abwägung der Prinzipien rational ist vonstatten geht. Die Anwendung der Prinzipien als Abwägung soll objektiv sein.

3.4.2.1.2 Die objektive Rechtsanwendung als Verantwortung

Bisher wurde die objektive Rechtsanwendung als gesollt dargestellt. Regeln und Prinzipien sollen durch ihre jeweilige Weise, entweder durch die Subsumtion oder durch die Abwägung, richtig, objektiv angewendet werden. Aber kann ihre Anwendung wirklich objektiv sein? Aus Sicht der Struktur der Rechtsanwendung liegt der Angelpunkt der Antwort in den Subjekten der Rechtsanwendung. Wie bereits oben erwähnt, bestehen die Rechtsanwender aus offiziellen, privaten und quasi-institutionellen Subjekten. Die offiziellen Subjekte sind im wesentlichen Richter. Richter als staatliche Organe tragen eine rechtliche Verantwortung zur Justizgewährleistung. Sie müssen aus dem demokratisch vorgegebenen Recht eine Entscheidung rational und systematisch deduzieren bzw. die Rechtsnormen richtig anwenden. Für die offiziellen Subjekte stellt die objektive Rechtsanwendung eine Verantwortung dar.

3.4.2.1.3 Die objektive Rechtsanwendung als Recht

Neben den offiziellen Subjekten gibt es die nicht offiziellen Subjekte, die aus privaten und quasi-institutionellen Subjekten bestehen. Anders als Richter werden sie nicht von der rechtlichen Verantwortung eingeschränkt. Ihr nicht-offizieller Charakter manifestiert sich in zwei verschiedenen Aspekten. Zum einen können nicht-offizielle

Subjekte nicht zur Teilnahme an gerichtlichen Verfahren gezwungen werden. Sie haben das Recht zu wählen, ob sie an einem Prozess teilnehmen oder nicht. Zum zweiten haben nicht-offizielle Subjekte bezüglich des Freiraums im Rechtssystem das Recht, ihre privaten Ziele zu realisieren. Diese Ziele können entweder die Verwirklichung ihres eigenen Interesses oder ein Streben nach Moralität sein. Darüber hinaus haben nicht-offizielle Handlungssubjekte das Recht, die Mittel, mit denen ihre Ziele erreicht werden sollen, auszuwählen, d.h. zwischen einer objektiven und einer subjektiven Anwendung der Rechtsnormen zur Begründung ihrer Ziele zu wählen. Die Möglichkeit der objektiven Rechtsanwendung von nicht-offiziellen Handlungssubjekten hängt von der Voraussetzung ab, dass die Teilnehmer des rechtlichen Prozesses rational sind. Prozessparteien als private Subjekte sind zweckrational. Wenn die objektive Rechtsanwendung die institutionelle Beschränkung von Zielen auf höchstem Niveau ermöglicht, wenden private Subjekte die Rechtsnormen objektiv an. Die Rechtswissenschaftler als quasi-institutionelle Subjekte zielen auf die Wahrheit ab. Aufgrund der moralischen Regeln handeln sie objektiv. Sie übernehmen die richterliche Verantwortung aus eigenem Antrieb, um die Objektivität oder die Wahrheit zu suchen. Obwohl die nicht-offiziellen Subjekte nur Rechte haben, aber nicht die Verantwortung für die Objektivität tragen, können sie trotzdem aufgrund ihrer Rationalität die Rechtsnormen objektiv anwenden. Nichtsdestotrotz bedeutet die Möglichkeit der Objektivität der Rechtsanwendung nicht die Ausschließung der Subjektivität.

3.4.2.2 Die subjektive Ebene

Die Rechtsnormen werden tatsächlich sowohl objektiv als auch subjektiv angewandt.

3.4.2.2.1 Die Subjektivität der Anwendung der Rechtsnormen

Im Hinblick auf die Normstruktur ist die Subjektivität der Anwendung der Regeln von der der Anwendung der Prinzipien zu unterscheiden. Regeln werden grundsätzlich mittels der Subsumtion angewandt. Als Justizsyllogismus beschreibt die Subsumtion den Vorgang der Entscheidungsgewinnung. Dies kann auch als „Syllogismus der Rechtsfolgebestimmung“ bezeichnet werden,[387] in dem eine allgemeine Norm als Obersatz funktioniert, ein konkreter Fall den Untersatz bildet und dann aus dem Obersatz und Untersatz ein Schlusssatz gefolgert wird, sodass der Fall als Tatbestand der Regel entspricht. Eine deduktive Anwendungsweise der Regeln kann jedoch die Subjektivität nicht nachhaltig beseitigen. Es gibt eine semantische Kluft zwischen den abstrakten Begriffen einer Regel und den konkreten Begriffen des Sachverhalts. Um diese Kluft zu überbrücken, gilt es, die richtigen Prämissen zu setzen.

Ein Urteil muss aus wahren, richtigen und akzeptablen Sätzen deduziert werden. Es lassen sich demnach zwei Aspekte der juristischen Begründung unterscheiden: einerseits die interne Rechtfertigung, in der es darum geht, ob das Urteil aus den zur Begründung angeführten Sätzen logisch folgt, und andererseits die externe Rechtfertigung, deren Gegenstand die Wahrheit, Richtigkeit oder Akzeptabilität der Prämissen der internen Rechtfertigung ist.[388] Wie bereits oben erwähnt, wird die Struktur der internen Rechtfertigung mithilfe eines deduktiven Schemas dargestellt. Der Obersatz $(x)\ (Tx \rightarrow ORx)$, der in der internen Rechtfertigung als Prämisse dient, ist der Gegenstand der externen Rechtfertigung. Diese Prämisse beschränkt sich nicht nur auf die Regeln des positiven Rechts. Wenn es die Lücke im Recht gibt, bzw. wenn die Regel nicht unmittelbar dem positiven Recht entnommen werden kann, kann die Prämisse durch eine Abwägung von Prinzipien gewonnen werden.[389] Als Prämisse zur Be-

---

387 *Larenz/Canaris*, Methodenlehre der Rechtswissenschaft, S. 92.

388 Zur internen Rechtfertigung und externen Rechtfertigung siehe, *Alexy*, Theorie der juristischen Argumentation, S. 273 ff.; *ders.*, Die logische Analyse juristischer Entscheidungen, S. 17 ff.

389 Alexy teilt die Prämissen der internen Rechtfertigung in drei Arten ein: „(1) Regeln des positiven Rechts, (2) empirische Aussagen und (3) Prämissen, die weder empirische Aussagen noch Regeln des positiven Rechts sind“. Entsprechend werden sie mit verschiedenen Methoden begründet. *Alexy*, Theorie der juristischen Argumentation, 283 f. Die nicht dem positiven Recht entnommenen Prämissen können durch die Abwägung der Prinzipien gefun-

gründung der Regel des positiven Rechts muss sie den Geltungskriterien der Rechtsordnung entsprechen. Aus dem Gesetzestext kann man den Obersatz übernehmen. Bei diesem Verfahren muss man durch Interpretation die inhärente logische Struktur einer Norm finden. Interpretation als menschliche Handlung beinhaltet notwendig die Subjektivität.

In Bezug auf die interne Rechtfertigung ist es problematisch, darzulegen, dass *a* ein *T* ist. „*a*" steht für eine Person, eine Handlung oder ein sonstiges Individuum, und „*T*" ist ein Prädikat, das die Tatbestandsvoraussetzung der Norm ausdrückt. Wenn unklar ist, ob *a* ein *T* ist, und wenn festgelegt werden soll, dass *a* als *T* anzusehen ist, ist eine Regel aufzustellen, die besagt, dass immer dann, wenn ein bestimmter Merkmalskomplex *M*, der bei *a* gegeben ist, vorliegt, das betreffende Individuum ein *T* ist. Weiterhin muss *M* möglicherweise durch noch weitere Merkmale $M^1 \ldots M^n$ (partiell) definiert werden.[390] In diesem Kettenglied ist die Subjektivität unvermeidlich. Eine Tatsache besteht theoretisch aus zahllosen Merkmalen. Wenn man die Merkmale einer Tatsache mit verschiedenen Standards auswählt, können gegenläufige Ergebnisse aus ihnen erfolgen. Die Standards können von offiziellen Subjekten wegen ihrer Unfähigkeit der Erkenntnis, von anderen nicht offiziellen Subjekten wegen des rechtlich erlaubten subjektiven Willens, übernommen werden. Obwohl die Regeln durch Subsumtion verwendet werden, hat ihre Anwendung noch eine subjektive Ebene.

Ähnlich impliziert die Anwendung der Prinzipien die Möglichkeit der Subjektivität. Wie bereits oben dargelegt wurde, sollen Prinzipien durch die Gewichtsformel objektiv verwendet werden. Die Gewichtsformel beschreibt ein Schema, nach dem man die arithmetischen Regeln kollidierenden Prinzipien nach abwägt. Jedoch ist die Abwägung nicht wirklich eine mathematische Aufgabe und die Faktoren in den realen Prämissen der Gewichtsformel drücken als solche nicht zahlen, sondern Eingriffsintensitäten (*I*), die Wichtigkeit der abstrakten Gewichte (*G*) und den Grad der Sicher-

---

den werden. In der Anwendung der Regeln werden nur Regeln des positiven Rechts analysiert.

390 *Alexy*, Theorie der juristischen Argumentation, 278 ff.; *ders.*, Die logische Analyse juristischer Entscheidungen, S. 26 f.

heit (*S*) aus. *I*, *G* und *S* können mit Hilfe der triadischen Skalierung als „*l*", „*m*" und „*s*" bewertet werden. Die Genauigkeit der Skalierung wird hier nicht bezweifelt.[391] Aber die Subjektivität in der Bewertung ist nicht vollständig beseitigt. Eine Bewertung kann auch im Recht als Interpretation bezeichnet werden. Die Subjekte der Bewertung, also der Anwendung der Prinzipien, sind reale Menschen, die moralisch nicht perfekt und in ihrer Fähigkeit zur Erkenntnis beschränkt sind. Die Ergebnisse der Bewertung oder Interpretation kann nicht immer objektiv, aber manchmal subjektiv sein.

Obwohl die Subsumtion und Abwägung als Anwendungsweisen der Regeln und Prinzipien zu einem objektiven Urteil führen sollen, können die Handlungssubjekte nicht immer entsprechend objektiv richtig handeln. Die Quelle der Subjektivität der Rechtsanwendung liegt in ihren realen Anwendern. Vom Standpunkt der Handlungssubjekte her kann die Rechtsanwendung auf der subjektiven Ebene der weiteren in die epistemologisch subjektive Rechtsanwendung und die handlungstheoretisch subjektive Rechtsanwendung eingeteilt werden.

3.4.2.2.2 Die passiv oder epistemologisch subjektive Rechtsanwendung

Die Handlungssubjekte der Rechtsanwendung sind in ihrer Fähigkeit zur Erkenntnis und Anwendung der Rechtsnormen beschränkt. Als Menschen haben sie eine Doppelnatur. Aus der idealen Dimension folgt, dass die Subjekte der Rechtsanwendung das Vermögen haben, sich dem idealen Zustand anzunähern. Aber die reale Dimension der Menschennatur impliziert, dass der Mensch imperfekt ist. Bedingt durch die äußeren Umstände begrenzter Zeit und Intelligenz sind sie unter anderem zur vollkommenen sprachlich-begrifflichen Klarheit, empirischen Informiertheit und zum vollkommenen Verstehen der Tatsachen und Sachverhalte unfähig. Im Kontext der Schaffung, Interpretation, Anwendung und Durchsetzung der Rechtsnormen bleibt die

[391] Zum Streit um die Skalierung siehe *Alexy*, Die Abwägung in der Rechtsanwendung, S.75 ff.

Subjektivität wegen der epistemologischen Unvollkommenheit des Menschen bestehen. Diese kann auch technisch, durch die Festlegung bestimmter Anforderungen und Verfahren innerhalb der Rechtsordnung, nicht erfolgreich bekämpft werden.

3.4.2.2.3 Die aktiv oder handlungstheoretisch subjektive Rechtsanwendung

Die Handlungssubjekte sind auch moralisch unvollkommen. In ihrem Spielraum oder Freiraum ist es möglich, dass sie die Rechtsnormen subjektiv anwenden. Die Handlungssubjekte der Rechtsanwendung sind prinzipiell Richter, Rechtswissenschaftler, Rechtsanwälte und Prozessparteien. Richter als offizielle Subjekte übernehmen die Verantwortung der objektiven Rechtsanwendung. Problematisch ist, dass Richter nicht nur offizielle Handlungssubjekte, also Richter, sondern auch private Individuen, also Menschen, sind. Dies bedeutet, dass es innerhalb des Vorgangs der Rechtsanwendung durch den Richter stets eine Spannung zwischen Subjektivität und Objektivität gibt. Die Subjektivität zeigt sich im wesentlichen im Ermessensspielraum. Richter besitzen einen Spielraum, in dem sie das Recht anhand von moralischen Prinzipien bilden, um die geeignetste Entscheidung zu finden. Die Beurteilung der Geeignetheit wird von der persönlichen Überlegung der Richter beeinflusst, die auch durch Wünsche, eine politische Haltung, Vorurteile oder eine beschränkte Erkenntnisfähigkeit bedingt sein kann. Obwohl eine so geartete Anwendung der Rechtsnorm im Ermessensspielraum liegt und somit nicht gegen das Gesetz verstößt, ist sie dennoch nicht rein objektiv.

Die typischen privaten Handlungssubjekte der Rechtsanwendung sind Prozessparteien. Gemäß der natürlichen Freiheit des Menschen enthält das Recht einen Freiraum, in dem der subjektive Wille geduldet wird. Diese Subjektivität wird im Gerichtsverfahren eingeschränkt. Die Beteiligung am Gerichtsverfahren setzt voraus, dass alle Beteiligten rational sind. Durch die Rationalität ist es möglich, aus dem subjektiven Willen objektive Ergebnisse zu erzielen.

3.4.2.3 Koordinierung der Subjektivität und Objektivität

Die Rechtsanwendung soll und kann objektiv sein. Durch rationale Methoden wenden rationale Subjekte die Rechtsnormen richtig an, um eine objektive Rechtsfolge zu finden. Als eine Handlung kann die Rechtsanwendung auch subjektiv sein, weil die Anwender reale Menschen sind. Die Teilnahme am gerichtlichen Verfahren setzt voraus, dass die Subjekte der Rechtsanwendung rational Handelnde sind. Ihre Handlungsgründe sind die Rechtsnormen. Richter als staatliche Organe interpretieren und verwenden das Recht aufgrund ihrer Verantwortung objektiv, während die nicht-offiziellen Subjekte nach ihrem persönlichen Verständnis der Rechtsnormen, das sie für richtig halten, an der rechtlichen Praxis teilnehmen. Daher ist es möglich, dass die Rechtsnormen als rechtliche Gründe für die nicht-offiziellen Subjekte nur einen subjektiven Sinn haben. Die nicht-offiziellen Subjekte haben das Recht, die Rechtsnormen persönlich zu verstehen. Die Rechtsnormen als Handlungsgründe für nicht-offizielle Subjekte haben einen subjektiven Sinn. Dagegen sollen die offiziellen Subjekte die Rechtsnormen gemäß ihrer Verantwortung objektiv verstehen.

Alle Subjekte wollen durch die Rechtsnormen ihre rechtliche Praxis rechtfertigen. Diesbezüglich zielt jedes Subjekt der Rechtsanwendung auf den objektiven Sinn der Rechtsnormen. Es hat den Willen, das objektive Ergebnis zu finden. Dies kann sich durch drei Schritte der Rechtsanwendung verwirklichen. Die Rechtsanwendung als ein menschliches Verhalten ist ein natürlicher Tatbestand. Im ersten Schritt verwandelt sie sich durch die Zuschreibung zum juristischen Akt. Wenn die Rechtsanwendung als Tatbestand nach den Rechtsnormen zu einem Rechtsanwender zurückgeführt wird, handelt es sich um einen Akt mit prima-facie objektivem Sinn. Weil das Verständnis der Rechtsnormen persönlich sein kann, kann der Akt mit prima-facie objektivem Sinn ein Akt mit subjektivem Sinn sein. Im zweiten Schritt wird der Akt mit prima-facie objektivem Sinn mit der Zurechnung geprüft. Wenn er nach den positiven Normen oder nach den im Freiraum gegebenen Rechten mit der Rechtsfolge in einem

Zurechnungszusammenhang steht, wird er ein juristischer Akt mit objektivem Sinn. Entsprechend ist dieser Akt rechtlich gesollt. Im letzten Schritt kann ein Akt mit subjektivem Sinn in einen juristischen Akt mit objektivem Sinn umgewandelt werden.

In der Analyse der drei Schritte der Rechtsanwendung stellt sich die Frage, wie ein Akt mit subjektivem Sinn den Rechtsnormen mit objektiver Rechtsfolge zugerechnet werden kann. Es wird vorausgesetzt, dass die Teilnehmer der juristischen Praxis rational sind. Wenn die Rechtsanwender die Rechtsnormen als Handlungsgründe adoptieren, erheben sie gleichzeitig den Anspruch, dass ihre Handlungen der Rechtsnorm gemäß richtig sind. Der Angelpunkt der Umwandlung von der Subjektivität zur Objektivität besteht in dem notwendigen Erheben des Anspruchs auf Richtigkeit. Neben dem Akt mit subjektivem Sinn gibt es einen notwendig erhobenen Richtigkeitsanspruch, der eine objektive Rechtsfolge ermöglicht. Aus verschiedenen Motivationen heraus erheben die Subjekte der Rechtsanwendung notwendig einen Anspruch auf Richtigkeit. Dies soll der Schwerpunkt des fünften Teils sein.

4 Zusammenfassung

Durch die soeben erfolgte Analyse der Struktur und der Modelle der Rechtsanwendung lassen sich die ihnen innewohnenden subjektiven und objektiven Ebenen aufzeigen.

(1) Die Rechtsanwendung besteht aus drei Elementen: den Subjekten, den Methoden und den Zielen. Subjekte der Rechtsanwendung lassen sich in institutionelle, private und quasi-institutionelle Subjekte einteilen. Richter als institutionelle Subjekte wenden die Rechtsnormen objektiv an, weil sie die Repräsentanten der Rechtsordnung sind und Verantwortung für sie übernehmen. Prozessparteien und Rechtsanwälte sind private Subjekte. Sie nehmen das gerichtliche Verfahren aus privaten Gründen an. Wegen des Freiraums im Recht können sie die Rechtsnormen subjektiv oder objektiv

anwenden. Zuletzt sind Rechtswissenschaftler die quasi-institutionellen Subjekte. Als Wissenschaftler streben sie nach Wahrheit oder Richtigkeit. Damit handeln sie aus eigener Initiative wie die Richter und wenden die Rechtsnormen objektiv an.

(2) Die Methoden der Rechtsanwendung sind die Subsumtion und die Abwägung. Rechtsnormen sind entweder Regeln oder Prinzipien. Regeln als definitive Gebote werden im Zuge der Subsumtion deduktiv verwendet, während Prinzipien mit ihrer Gewichtsdimension nur durch Abwägung im konkreten Fall angewendet werden.

(3) Die Ziele der Rechtsanwendung können in äußere und innere Ziele unterschieden werden. Das äußere Ziel ist, eine objektive Entscheidung zu finden, um Interessenkonflikte zu lösen. Die inneren Ziele sind für verschiedene Subjekte unterschiedlich. Der Richter zielt auf die Erfüllung seiner Verantwortung. Prozessparteien und Rechtsanwälte streben nach der Erfüllung ihrer Interessen, und Richterwissenschaftler zielen auf die Erkenntnis der Wahrheit oder Richtigkeit.

(4) Es gibt drei kombinierte Modelle der Rechtsanwendung: das Idealität/Realität-Modell, das Regel/Prinzip-Modell und das Subjektivität/Objektivität-Modell. Jedes Modell beschreibt nur bestimmte Aspekte der Rechtsanwendung. Damit ist die Entwicklung eines komplexen Modells erforderlich.

(5) In der idealen Dimension ist die Anwendung der Regeln und Prinzipien rein objektiv. Dagegen beinhaltet die reale Rechtsanwendung gleichzeitig eine objektive und eine subjektive Ebene. Man soll und kann Regeln und Prinzipien objektiv anwenden, weil das deduktive Schema der Subsumtion sowie das Kollisionsgesetz, das Abwägungsgesetz und die Gewichtsformel der Prinzipientheorie die objektiven Anwendungsweisen anbieten. Demgegenüber gibt es die subjektive Ebene. Die Subjekte

der Rechtsanwendung sind faktische Menschen. Wegen ihres beschränkten Erkenntnis- und Handlungsvermögens wird die Subjektivität nicht beseitigt.

(6) Der Kern der Koordinierung der Subjektivität und Objektivität liegt in dem Anspruch auf Richtigkeit. Aus verschiedenen Motivationen heraus adoptieren alle Subjekte die Rechtsnormen als Gründe für ihre Handlungen, um ihre juristische Praxis als richtig zu rechtfertigen.

(7) Die Subjektivität wohnt den Handlungssubjekten die Rechtsanwendung inne. Damit ist die Subjektivität ein elementarer Aspekt der Rechtsanwendung. Man kann nicht die Subjektivität, sondern nur ihre negativen Auswirkungen beseitigen. Durch die Untersuchung des notwendigen Richtigkeitsanspruchs kann die Transformation von der Subjektivität zur Objektivität gelingen.

Teil 5: Subjektivität und Objektivität im juristischen Diskurs

1 Einleitung

Die Analyse der Strukturen und Modelle der Rechtsanwendung hat ergeben, dass die Subjektivität neben der Objektivität ein Element der Anwendung der Rechtsnormen ist. In diesem Teil wird das Problem der Subjektivität im Rahmen der Diskurstheorie präzisiert. Die Frage, wie die dem Recht innewohnende Subjektivität nach den diskursiven Regeln und Gesetzen in objektive Ergebnisse umwandelt werden kann, steht im Zentrum der Untersuchung. Mit der Theorie des juristischen Diskurses wird es ermöglicht, die Subjektivität in Objektivität zu transformieren.

Um den Übergang von der Subjektivität zur Objektivität zu begründen, werden in erster Linie die Handlungsmotivationen der Rechtsanwender untersucht. Rechtanwender als reale Menschen sind der Ursprung der Subjektivität im Recht. Sie wenden die Rechtsnorm auf die Weise, die sie für richtig halten, aus ihren eigenen Motivationen heraus an. Nach Kant haben alle Handlungen Zwecke.[392] Die realen Akteure handeln wesentlich aus drei Gründen, um sich dem idealen objektiven Zustand optimal zu nähren. Die drei Ebenen des Motivs lauten: (1) aus Pflicht, bzw. aus der Vernunft wird nach etwas Gutem gestrebt; (2) Zwang, bzw. aus rechtlicher Pflicht wird etwas richtig behauptet, um eine rechtliche negative Beurteilung zu vermeiden, und (3) Rationalität. Bei dem zweiten Schritt geht es um den Richtigkeitsanspruch. Infolge der unterschiedlichen Auffassungen über das Verhältnis zwischen Recht und Moral sind die Ansichten über den juristischen Diskurs geteilt. Vor diesem Hintergrund wird die Sonderfallthese angegriffen. Ein zentraler Streitpunkt besteht in der Frage, ob im juristischen Diskurs notwendigerweise ein Richtigkeitsanspruch erhoben wird. Die zentrale These dieser Arbeit ist, dass der Anspruch auf Richtigkeit eine Brücke zwischen der Subjektivität und der Objektivität im Recht ist.

[392] Siehe *Rawls*, Lectures on the History of Moral Philosophy, S. 168.

2 Subjektivität und Objektivität im allgemeinen praktischen Diskurs

Im allgemeinen praktischen Diskurs haben sämtliche Teilnehmer die Möglichkeit, gemäß den Diskursregeln vernünftig miteinander zu diskutieren, um einen Konsens zu erreichen.[393] Der Begriff des Diskurses besteht aus drei Elementen: (1) den Diskursteilnehmern als Subjekte, (2) den Diskursregeln und (3) dem Konsens als Ziel. Durch die Diskursregeln gewährleistet der wahrheitsorientierte Diskurs die Möglichkeit eines Konsenses. Die letzten zwei Elemente befinden sich im Bereich der Objektivität. Problematisch ist das Element der Subjekte, in dem die Subjektivität sich neben der Objektivität aufgrund der Doppelnatur des Menschen im allgemeinen praktischen Diskurs wiederspiegelt.

Die Subjekte des allgemeinen praktischen Diskurses sind nicht die kulturell betrachteten, sondern nur die existentiell betrachteten Subjekte, was der allgemeinen praktischen Philosophie entspricht. In der vorliegenden Untersuchung handelt es sich nur um die existentiell betrachteten Handlungsakteure.

2.1 Die Objektivität im idealen Diskurs

Wie bereits zuvor ausgeführt, ist eine der Kernthesen der Diskurstheorie Alexys die Unterscheidung zwischen idealem und realem Diskurs. Dementsprechend können die Subjekte des Diskurses in zwei Gruppen eingeteilt werden, die idealen Subjekte im idealen Diskurs und die realen Subjekte im realen Diskurs.

---

[393] Der Begriff des allgemeinen praktischen Diskurses wird, wie bei Alexy, nicht unmittelbar definiert. Nach Alexy ist der ideale Diskurs dadurch definiert, dass in unbegrenzter Zeit unter vollkommenen Bedingungen die Antwort auf eine praktische Frage gesucht wird. (Vgl. *Alexy*, Probleme der Diskurstheorie, S. 113.) Diese vollkommenen Bedingungen bedeuten, dass Diskursregeln im realen Diskurs vollkommen befolgt werden. Für einen Diskurs sind Diskursregeln hinreichend und notwendig. Die Aufgabe des Diskurses ist es, nach einer Antwort auf eine praktische Frage zu suchen, bzw. die Diskursteilnehmer versuchen, einen Konsens zu erreichen. Obwohl es „[s]elbst bei einem potentiell unendlichen idealen Diskurs […] nicht ausgeschlossen werden [kann], dass kein Konsens zustande kommt“ (*Alexy*, Probleme der Diskurstheorie, S. 115.), wird es nicht verneint, dass der Konsens das Ziel des Diskurses ist.

Der ideale Diskurs „ist dadurch definiert, dass unter den Bedingungen unbegrenzter Zeit, unbegrenzter Teilnehmerschaft und vollkommener Zwanglosigkeit im Wege der Herstellung vollkommener sprachlich-begrifflicher Klarheit, vollkommener empirischer Informiertheit, vollkommener Fähigkeit und Bereitschaft zum Rollentausch und vollkommener Vorurteilsfreiheit die Antwort auf eine praktische Frage gesucht wird."[394] Er ist ein in allen Hinsichten idealer Diskurs. Die idealen Subjekte im idealen Diskurs sind somit die Personen, die aus dem Zustand der zeitlichen und räumlichen Abhängigkeit befreit werden und dennoch nichts oder wenig hinzulernen. Insofern besteht der Begriff der idealen Subjekte aus folgenden vier Elementen:

(1) vollkommene sprachliche Fähigkeit, um die Kommunikation nicht zu behindern;

(2) die vollkommene Fähigkeit zur empirischen Informiertheit;

(3) vollkommene Erkenntnis- und Urteilsfähigkeit und,

(4) moralische Vollkommenheit. Die Gleichberechtigung ist ein Postulat der Argumentation. Die Teilnahme am Diskurs bedeutet, dass jeder Teilnehmer das Autonomieprinzip anerkennt[395] und sich in eine andere Rolle versetzen kann.

Die idealen Subjekte im idealen Diskurs sind damit ideal hinsichtlich ihrer Moralität, Sprach-, Urteils- und Erkenntnisfähigkeit.

---

394 *Alexy*, Probleme der Diskurstheorie, S. 113.

395 *Alexy*, Diskurstheorie und Menschenrechte, S. 138, 148ff.

2.2 Die Subjektivität im realen Diskurs

Der reale Diskurs ist eine durch Diskursregeln definierte Prozedur, an der Personen mit eingeschränkter Zeit, eingeschränkter objektiver Fähigkeit, subjektivem Willen und eingeschränkten äußeren Bedingungen teilnehmen, um sich dem idealen Zustand optimal anzunähern, und um praktische Fragen zu beantworten.[396] Er ist ein in keiner Hinsicht vollkommener Diskurs. Auch im Hinblick auf die realen Subjekte lassen sich vier Charakteristika identifizieren: (1) begrenzte Sprachfähigkeit; (2) beschränkte Informiertheit; (3) unvollkommene Erkenntnis- und Urteilsfähigkeit und, (4) moralische Unvollkommenheit.

2.3 Der Diskurs als Bildungsprozess der Urteils- und Erkenntnisfähigkeit der Subjekte

Der allgemeine praktische Diskurs ist ein Prozess, dessen Ziel nicht nur im Konsens besteht, sondern auch darin, dass in ihm die Subjekte ihre Fähigkeit der Erkenntnis und des Urteils bilden können. In der realen Ebene haben die realen Subjekte unvollkommene objektive Fähigkeiten und unterschiedliche subjektive Motivationen. Durch die Teilnahme am Diskurs, bzw. durch die Urteils- und Erkenntnisbildung, lässt es sich ermöglichen, dass im realen Diskurs das vernünftige Vermögen der Subjekte mit ihrer Erkenntnisfähigkeit verknüpft wird. Obwohl zwar mit dem Diskurs nicht das Problem der Handlungsmotivationen unmittelbar behandelt wird, gibt es eine notwendige Bindung zwischen dem Motiv und der Vernunft. Diskursregeln gewährleisten, dass sich der Diskurs in Richtung der Vernunft orientiert. Dies spiegelt sich auch im juristischen Diskurs wieder.

---

[396] *Alexy*, Probleme der Diskurstheorie, S. 123 f.

3 Der juristische Diskurs als realer Diskurs

Nach der Sonderfallthese ist der juristische Diskurs ein realer allgemeiner praktischer Diskurs. Kritiker der Sonderfallthese wenden ein, dass der juristische Diskurs kein Diskurs, sondern vielmehr eine strategische Handlung ist.[397] Um diese Einwände zu widerlegen, sollen im Folgenden die Begriffe der juristischen Diskussion und des juristischen Diskurses sowie in ihnen enthaltene Elemente genauer betrachtet werden.

3.1 Die juristische Diskussion

Die juristische Diskussion ist eine Argumentation zwischen rechtsberuflichen Diskutanten (oder Diskutanten, die durch rechtsberufliche Personen vertreten werden), in der über ein oder mehrere bestimmte juristische Themen diskutiert wird. Es gibt ganz unterschiedliche Arten und zahlreiche Unterformen von juristischen Diskussionen, wie z. B., „die rechtswissenschaftliche (dogmatische) Erörterung, die richterliche Beratung, der Disput vor Gericht, die Behandlung juristischer Fragen in Gesetzgebungsorganen, Kommissionen und Ausschüssen, die Diskussion von Rechtsfragen etwa zwischen Studenten, zwischen Rechtsanwälten und zwischen Verwaltungs- oder Wirtschaftsjuristen sowie der mit juristischen Argumenten ausgetragene Streit um rechtliche Probleme in den Medien“.[398] Alle diese juristischen Diskussionen unterliegen einer besonderen juristischen Einschränkung. Ihr wichtigstes gemeinsames Merkmal besteht darin, dass in allen Formen (zumindest auch) juristisch argumentiert wird.[399] Demzufolge ist die juristische Diskussion eine Betätigung, in der rechtswissenschaftlich gebildete Personen oder andere Prozessbeteiligte über rechtliche Problemstellungen diskutieren.

---

397 Vgl. etwa *Habermas*, Theorie der Gesellschaft oder Sozialtechnologie? Eine Auseinandersetzung mit Niklas Luhmann, S. 200 f.; *Neumann*, Juristische Argumentationslehre, S. 85; *ders*. Zur Interpretation des forensischen Diskurses in der Rechtsphilosophie von Jürgen Habermas, S. 418 f.; *Engländer*, Diskurs als Rechtsquelle? S. 144f.

398 *Alexy*, Theorie der juristischen Argumentation, S. 261.

399 *Alexy*, Theorie der juristischen Argumentation, S. 261f.

Im Rahmen der erwähnten Diskussionsformen gehören die Gesetzgeber, Richter, Rechtswissenschaftler, Jura-Studenten, Rechtsanwälte, rechtlichen Berater und Verwaltungs- oder Wirtschaftsjuristen zu den Subjekten der juristischen Diskussion. Unter Berücksichtigung der Bindung an das geltende Recht und den verschiedenen Ausmaßen der juristischen Einschränkungen behandeln diese Subjekte gemäß ihrer fachlichen Kenntnisse juristische Fragen, um objektive Urteile zu fällen. Sie sind die empirischen Subjekte der juristischen Diskussion.

3.2 Der juristische Diskurs

Wenn eine juristische Diskussion unter dem Anspruch auf Richtigkeit geführt wird, ist sie ein juristischer Diskurs. Als realer Diskurs wird der juristische Diskurs so definiert, dass Personen, nach Diskursregeln und den im jeweiligen Rechtssystem geltenden Rechtsnormen[400], über eine juristische Frage vernünftig miteinander argumentieren, um eine Antwort zu finden bzw. um einen Konsens zu erreichen. Die Elemente des juristischen Diskurses sind: (1) die Juristen als Subjekte; (2) die Diskursregeln und Rechtsnormen; (3) der Konsens als Ziel.

Die realen Subjekte im juristischen Diskurs können in Juristen und Nicht-Juristen eingeteilt werden. Sie unterscheiden sich maßgeblich durch ihre unterschiedlich ausgeprägten Fähigkeiten der Argumentation, welche dadurch bedingt sind, ob eine juristische Ausbildung stattgefunden hat oder nicht. Durch ihre wissenschaftliche Ausbildung haben Juristen nicht nur eine höhere Fähigkeit zu sprechen, zu urteilen, zu erkennen und informiert zu sein, sondern auch eine größere moralische Kompetenz. Sie entsprechen eher als die Nicht-Juristen den idealen Subjekten. Ein Diskurs, an dem ausschließlich Juristen teilnehmen würden, wäre jedoch eine rein akademische Aktivität. Nur wenn Juristen und Nicht-Juristen gemeinsam an dem Diskurs teilnehmen, kann der juristische Diskurs auch eine gerichtliche Aktivität dar-

[400] Hier umfassen die Rechtsnormen nicht nur Gesetze, sondern auch Präjudize, Dogmatiken und Verfahrensgesetze. Vgl. *Alexy*, Theorie der juristischen Argumentation, S. 37.

stellen. Nicht-Juristen sind Personen, die im Wesentlichen aus eigenem Interesse am juristischen Diskurs teilnehmen. Diese Eigenschaft von Nicht-Juristen ist eines der Angriffspunkte, auf die die Einwände gegen die Anspruchsthese der Richtigkeit[401] und die Sonderfallthese zielen.[402]

Wegen seiner Bindung an das geltende Recht besitzt der juristische Diskurs, ebenso wie die Prozedur der staatlichen Rechtsetzung und gerichtliche Prozesse, einen institutionalisierten Charakter. So können auch gerichtliche Prozesse als juristische Diskurse im engeren Sinne bezeichnet werden. Diese Untersuchung konzentriert sich ausschließlich auf den juristischen Diskurs im engeren Sinne. Der diskursive Charakter des gerichtlichen Prozesses wird jedoch bezweifelt, da in seinem Verlauf nicht nur argumentiert, sondern auch entschieden wird.[403] Um diesen Einwand zu entkräften, wird im Folgenden die Subjektivität im juristischen Diskurs analysiert werden.

3.3 Die Subjektivität im realen Diskurs

3.3.1 Die Subjekte des realen Diskurses

Die Teilnehmer des gerichtlichen Verfahrens sind Richter, Rechtsanwälte, Rechtswissenschaftler, Prozessparteien und andere Prozessbeteiligte. Aufgrund des verschiedenen Ausmaßes der Einschränkungen durch das geltende Recht können die Subjekte des juristischen Diskurses vor allem in institutionelle Subjekte und private Subjekte unterteilt werden. Erstere sind hauptsächlich Richter, letztere sind Rechtsanwälte und die von ihnen vertretenen Prozessparteien. Allerdings beinhaltet diese Einstufung nicht alle Subjekte, weil die Rechtswissenschaftler zwischen den institutionellen und den privaten Subjekten eine Sonderstellung einnehmen. Sie werden nicht, etwa wie die Richter, durch die Amtspflicht eingeschränkt. Die von Rechtswissen-

---

[401] *Alexy*, Theorie der juristischen Argumentation, S. 265.
[402] Die Motivationen der Nicht-Juristen und ihre Rolle im Rahmen der Sonderfallthese werden weiter unten erläutert.
[403] *Alexy*, Ota Weinbergers Kritik der diskurstheoretischen Deutung juristischer Rationalität, S. 154.

schaftlern entwickelte rechtliche Theorie bildet jedoch eine Grundlage, auf der bei Gericht Fälle entschieden werden können. Sie sind weder institutionelle noch private, sondern quasi-institutionelle Subjekte. Die Subjekte des juristischen Diskurses im gerichtlichen Verfahren sind Richter, Rechtsanwälte, Prozessparteien und Rechtswissenschaftler.

3.3.2 Elemente der Subjekte des realen Diskurses

Der Begriff der Subjekte des juristischen Diskurses besteht aus vier Elementen: (1) dem institutionellen Element; (2) der fachlichen Ausbildung als wissenschaftliches Element; (3) dem Interesse als rationales Element und (4) der Vernunft als Integration aller Elemente.

3.3.2.1 Das institutionelle Element

Das institutionelle Element spiegelt sich in der rechtlichen Amtspflicht wieder. Es wird hauptsächlich durch die Richter verkörpert. Als Träger der Staatsgewalt nehmen Richter die Aufgaben der Rechtsprechung wahr, um unparteiisch zu entscheiden. Gemäß ihrer Amtspflicht verwenden sie die Rechtsnormen richtig und treffen objektive Entscheidungen. Außerdem garantiert das institutionelle Element auch die Rechte der anderen am Prozess Beteiligten, z.B. indem es durch die geltenden gesetzlichen Bestimmungen garantiert, dass die Beteiligten Zugang zu sämtlichen für sie erforderlichen Informationen erhalten, um über die jeweiligen juristischen Fragen diskutieren zu können.

3.3.2.2 Die fachliche Ausbildung als wissenschaftliches Element

Die fachliche Ausbildung stellt das wissenschaftliche Element der Subjekte des juristischen Diskurses dar. Eine juristische Ausbildung ist eine der Prämissen, um einen Rechtsberuf auszuüben. Wissenschaftliche Methoden spielen nicht nur bei der Schaffung, Interpretation, Anwendung und Durchsetzung des Rechts eine Rolle, sondern auch bei der Erforschung der Jurisprudenz. Die fachliche Ausbildung befähigt die Juristen dazu, rechtliche Probleme richtig zu erkennen und objektiv zu beurteilen. Die Erschließung des entsprechenden Fachterminus im Zuge der Ausbildung verbessert zudem die Fähigkeit zum Meinungsaustausch

3.3.2.3 Die Interessen als rationales Element

Prozessparteien und ihre Rechtsanwälte sind private Subjekte des juristischen Diskurses. Aufgrund des zweckrationalen Elements ist das Streben nach Nutzenmaximierung einer der Gründe, warum die privaten Subjekte sich auf einen Prozess einlassen. Jedoch ist die Nutzenmaximierung kein Ziel der juristischen Praxis, sondern ein Mittel, durch das eine objektive Entscheidung getroffen und sich dem idealen diskursiven Zustand angenähert wird.[404] Auf das Thema des Interesses soll weiter unten noch genauer eingegangen werden.

3.3.2.4 Die Vernunft als Integration aller Elemente

Die Vernunft als viertes Element bildet die Integration aller anderen Elemente. Sie ist das höchste Erkenntnisvermögen, um den Verstand zu kontrollieren und dessen Beschränkungen zu erkennen. Die Vernunft ist eine Grundlage des Diskurses und der

404 Aus der individuellen Nutzenmaximierung wie beispielsweise in der hobbesschen Konzeption der praktischen Vernunft oder der praktischen Rationalität kann sich möglicherweise ein Sklavereivertrag ergeben. Vgl. *Alexy*, Eine diskurstheoretische Konzeption der praktischen Vernunft, S. 12 ff.

Diskurs ist konstitutiv für die Vernunft. Die Vernunft ist ein integratives Ziel des rationalen, wissenschaftlichen und institutionellen Elements.

3.4 Zwischenergebnis

Die Handlungssubjekte als begriffliches Element des Diskurses sind die Träger der Subjektivität. Nach der Diskurstheorie kann die Subjektivität mit der Objektivität in der juristischen Praxis koexistieren. Es fragt sich jedoch, wie beide miteinander verbunden werden können, bzw. wie die Subjektivität im juristischen Diskurs zur Objektivität transformatiert wird. Der Schlüssel zur Beantwortung dieser Frage liegt in dem Anspruch auf Richtigkeit. Nachfolgend wird die Theorie des Richtigkeitsanspruchs rekonstruiert.

4 Der Richtigkeitsanspruch im juristischen Diskurs

4.1 Alexys drei-stellige-Struktur des Richtigkeitsanspruchs

Der Richtigkeitsanspruch ist eine immanente Eigenschaft des Diskurses. Nach der Sonderfallthese impliziert der juristische Diskurs gleichermaßen einen Richtigkeitsanspruch. Alexy zufolge wird der Begriff des Richtigkeitsanspruchs von drei Bestandteilen gebildet: den Subjekten, den Adressaten und dem Erheben.[405] Ein Anspruch auf Richtigkeit könne durch die Personen, die im und für das Recht tätig sind, erhoben werden.[406] Der Sonderfallthese zufolge sind die Teilnehmer des juristischen Diskurses und die Subjekte des Richtigkeitsanspruchs identisch. Sie sind Gesetzgeber, Richter, Rechtswissenschaftler, Anwälte und Prozessparteien. Entsprechend der Unterscheidung zwischen dem objektiven oder offiziellen und dem subjektiven oder persönlichen Anspruch auf Richtigkeit können die Subjekte des Richtigkeitsanspruchs

[405] *Alexy*, Recht und Richtigkeit, S. 4 ff.
[406] *Alexy*, Recht und Richtigkeit, S. 4.

auch nach institutionellen, privaten und quasi-institutionellen Subjekten differenziert werden.

Der Richtigkeitsanspruch im Recht wird den Adressaten gegenüber erhoben. Der Adressatenkreis des Richtigkeitsanspruchs umfasst nicht nur die Adressaten der jeweiligen Rechtsakte, sondern auch diejenigen, die sich auf den Standpunkt eines Teilnehmers des jeweiligen Rechtssystems stellen.[407] Durch bestimmte Handlungen erheben die Subjekte gegenüber den Adressaten einen Richtigkeitsanspruch. Dieses Erheben besteht aus drei Elementen: (1) der Behauptung der Richtigkeit, (2) der Garantie der Begründbarkeit und (3) der Erwartung der Anerkennung der Richtigkeit.[408] Sie sind nicht nur durch institutionelle Akte verbunden. „Jeder, der als Teilnehmer eines Rechtssystems, etwa als Anwalt vor Gericht oder als Bürger in einer öffentlichen Diskussion, Behauptungen darüber aufstellt, was durch dieses Rechtssystem geboten, verboten und erlaubt ist und zu was es ermächtigt, erhebt den aus der Behauptung der Richtigkeit, der Garantie der Begründbarkeit und der Erwartung der Anerkennung bestehenden Anspruch."[409]

4.2 Rechtsanwendung und Richtigkeitsanspruch

4.2.1 Objektive Rechtsanwendung und Richtigkeit

4.2.1.1 Rechtliche und moralische Richtigkeit

Das Argument der Richtigkeit spielt eine zentrale Rolle in der Diskurstheorie Alexys. Es dient zudem der Erklärung der Rechtsanwendung. Der Begriff der Richtigkeit wird von Alexy in seinen Werken oft in verschiedenen Weisen verwendet. Es gibt mindestens drei Begriffspaare der Richtigkeit: absolute und relative Richtigkeit,

---

[407] *Alexy*, Recht und Richtigkeit, S. 5.
[408] *Alexy*, Recht und Richtigkeit, S. 6.
[409] *Alexy*, Recht und Richtigkeit, S. 6.

moralische und rechtliche Richtigkeit, formelle und substanzielle Richtigkeit.[410] Angesichts des Zusammenhangs von Recht und Moral wird hier nur die moralische und rechtliche Richtigkeit in Betracht gezogen. Der Begriff der moralischen Richtigkeit betrifft die Gerechtigkeit. Eine Behauptung und die aus ihr folgende Begründung sind moralisch richtig, wenn sie unter allgemeiner praktischen Aspekten diskursiv notwendig oder möglich sind. Im Unterschied dazu ist die rechtliche Richtigkeit mit der Legitimität verbunden. Wenn eine Behauptung juristisch diskursiv möglich ist, dann ist sie rechtlich richtig. Der juristische Diskurs ist ein Sonderfall des allgemeinen praktischen Diskurses. Die rechtliche Richtigkeit kann nicht mit der moralischen Richtigkeit identisch sein, sie schließt aber die moralische Richtigkeit ein. Man kann sagen, dass die rechtliche Richtigkeit ein Sonderfall der moralischen Richtigkeit ist.[411]

4.2.1.2 Die objektive richtige Anwendung der Rechtsnorm

Objektivität und Wahrheit gelten als das Ideal der Wissenschaft. Im Bereich der Naturwissenschaften geht es bei der Objektivität wesentlich um Empirie und Mathematik. Sie wird als Bezeichnung für die äußere Wirklichkeit verwendet. Im Bereich der Rechtswissenschaft stimmen Nichtpositivisten wie Positivisten darin überein, dass die Objektivität die Bestrebung und das Kriterium der Rechtsanwendung ist. Hier bedeutet die Objektivität wesentlich Vernunft oder Rationalität. Die objektive richtige Anwendung der Rechtsnorm ist in gewissem Maße eine rationale Anwendung, bzw. aus der Rechtsanwendung sollen der irrationale subjektive individuelle Wille und jedwede politische Ideologie entfernt werden.

Die Anwendung der Normen besteht aus der Anwendung von Regeln und Prinzipien, erstere durch Subsumtion und letztere durch Abwägung. Nach der Sonderfallthese ist eine der notwendigen Bedingungen der objektiven richtigen Anwendung der Rechtsnorm das Erheben des Richtigkeitsanspruchs. Nur, wenn jeder Handelnde in

---

[410] *Zhang*, Volk, Autorität und Grundrechte, S. 25 ff.
[411] *Bäcker*, Begründen und Entscheiden, S. 210.

der juristischen Praxis hinsichtlich seiner Betätigung einen Anspruch auf Richtigkeit erhebt, kann die Anwendung der Normen objektiv und rational sein. Dagegen werden zwei Einwände vorgebracht. Es ist möglich, dass (1) die Abwägung der Prinzipien wegen der Abwesenheit eines objektiven Maßstabs irrational ist, und dass (2) nicht jeder Teilnehmer des juristischen Diskurses notwendig einen Anspruch auf Richtigkeit erhebt, weil er nicht nach der Richtigkeit, sondern nur nach dem eigenen Interesse strebt.

4.2.1.3 Objektive Anwendung und Abwägung

Prinzipien und Werte sind strukturgleich. Eine Kollision und Abwägung zwischen Prinzipien kommt einer Kollision und Abwägung zwischen Werten gleich. Auch korrespondiert die gradweise Erfüllung von Prinzipien mit der gradweisen Realisierung von Werten.[412] Dementsprechend wird die These von der objektiven Anwendung der Rechtsnorm zuallererst dahingehend kritisiert, dass die Abwägung im Recht irrational bleiben muss, weil Werte inkommensurabel oder inkomparabel sind.[413] Nach Habermas wird die Abwägung entweder willkürlich oder unreflektiert nach eingewöhnten Standards und Rangordnungen vollzogen.[414] Der Begriff der Inkommensurabilität ist umstritten. Im Allgemeinen wird definiert, dass es weder einen allgemeinen Maßstab noch eine Rangordnung unter kollidierenden Werten oder Prinzipien gibt.[415] Raz definiert:

---

412 *Alexy*, Theorie der Grundrechte, S. 125 f.

413 Vgl. etwa: *Habermas*, Die Einbeziehung des Anderen. Studien zur politischen Theorie, S. 368; *Günther*, Der Sinn für Angemessenheit, S.275 f.; *Alder*, Incommensurable Values and Judicial Review: the Case of Local Government, S. 717.

414 *Habermas*, Faktizität und Geltung, S. 315 f.

415 Verschiedene Autoren verwenden den Begriff der Inkommensurabilität ganz unterschiedlich. Nach Griffin beispielsweise hängt die Inkommensurabilität von Werten davon ab, inwieweit die Realisierung eines Werts im Rang höher steht als die Realisierung eines anderen Werts. (*Griffin*, Well-Being: Ist Meaning, Measurement and Importance, S. 83 ff.) Wiggins sagt von der Inkommensurabilität, dass Werte nur inkommensurabel sind, wenn es zwischen ihnen keine allgemeine Rangordnung gibt. (*Wiggins*, Incommensurability: Four Proposals, S. 59.) Bei Richardson bedeutet Inkommensurabilität die Abwesenheit der Rangordnung der Werte. (*Richardson*, Practical Reasoning about Final Ends, S.117 ff.) Die Kontroverse um den Begriff der Inkommensurabilität soll hier nicht weiter verfolgt werden. Hier wird lediglich vom allgemeinen Begriff der Inkommensurabilität ausgegangen, nämlich von Inkommensurabilität als die Abwesenheit eines Maßstabs und einer Rangordnung der Werte. Eine detaillierte Analyse des Begriffs liefert *Chang*, Incommensurability, Incomparability, and Practical Reason.

„A and B are incommensurate if it is neither true that one is better than the other nor true that they are of equal value.“[416]

Raz belegt seine Definition mit einem Beispiel. Man habe drei Optionen den Nachmittag zu verbringen: man könnte im Garten spazieren gehen oder, sei es zusammen mit einem Glas Scotch, sei es mit einem Glas Portwein, ein Buch lesen. Wenn die Option des Lesens mit Scotch besser als die mit Portwein sei, und wenn weder die Option des Lesens mit Scotch noch die mit Portwein besser ist als die des Spazierengehens, müsse man zwischen inkomparable Optionen wählen.[417] Eine Alternative könne die andere nicht überwinden. Die Wahl zwischen den „incommensurable“ Optionen hänge nicht von einem rationalen Vergleich, sondern ausschließlich von dem „will of the agent“[418] ab. Raz verwendet die Begriffe „incommensurable“ und „inkomparabel“ synonym.[419]

Die Gleichsetzung von „incommensurability“ und „inkomparabel“ wird jedoch keinesfalls von allen Forschern mitgetragen. Ruth Chang unterscheidet die beiden Begriffe strikt. Chang zufolge beschreibt „Incommensurability“ die Beziehung von zwei oder mehreren abstrakten Werten, während „inkomparabel“ meint, dass es zwischen zwei oder mehreren konkreten Wertträgern (bearers of value) kein positives vergleichbares bewertendes Urteil ergibt.[420] In der vorliegenden Arbeit wird der Auffassung Changs nur teilweise zugestimmt, und zwar insofern, dass die Begriffe „incommensurable“ und „inkomparabel“ unterschiedlich sind. Viele Autoren, wie z.B. Finnis, legen sich darauf fest, dass die grundlegenden Werte (basic values) inkomparabel sind, und daher nicht gegeneinander abgewogen werden können.[421] Prinzipien

416 *Raz*, The Morality of Freedom, S. 322.
417 *Raz*, The Morality of Freedom, S. 328.
418 *Raz*, Incommensurability and Agency, S. 125 f.
419 *Raz*, The Morality of Freedom, S. 322.
420 *Chang*, Introduction, in: Incommensurability, Incomparability, and Practical Reason. S. 1 f.
421 *Finnis*, Natural Law and Natural Rights, S. 92. Zur Diskussion über „Incommensurability“ der abstrakten Werte, s.a. *Afonso da Silva*, Comparing the Incommensurable: Constitutional Principles, Balancing and Rational Decision, S. 285 f.

können als Werte oder Träger der Werte im Rechtsystem bezeichnet werden. Sie sind „incommensurable" oder zumindest abstrakt inkomparabel.

Während Prinzipien „incommensurable" sind, ist die Verwirklichung der Prinzipien dagegen komparabel. „[T]hings as rights or interests are not directly comparable. Comparability [...] does not presuppose a common unit of measurement, it only requires a common point for comparison. In moral questions, this common point of comparison is the moral point of view, in legal questions, it is the legal point of view. These points of view are constituted by the questions of what is morally, or legally, correct".[422] Das gemeinsame Merkmal der Prinzipien ist, dass jedes Prinzip in Streitfällen entweder verwirklicht oder unverwirklicht ist, obwohl diese Prinzipien als Optimierungsgebote in unterschiedlichen Graden erfüllt werden. Die Kollision zwischen zwei Prinzipien im konkreten Fall ist damit die Kollision von Verwirklichungsmöglichkeiten der Prinzipien, bzw. die Kollision von konkreten Prinzipien, die im konkreten Fall positivisiert werden. Wenn sie kollidieren, geht ein konkretes Prinzip dem anderen unter bestimmten Umständen vor. Unter anderen Umständen kann die Vorrangfrage aber umgekehrt zu lösen sein.[423] Daraus ergibt sich, dass zwischen den abstrakten Prinzipien keine unbedingten oder abstrakten Vorrangrelationen bestehen müssen. Das Ergebnis der Abwägung spiegelt immer eine bedingte Vorrangrelation wieder, weil die Abwägung immer „case-specific" ist.[424] Gegenüber der Inkommensurabilität abstrakter Prinzipien ist ihre Verwirklichung als konkrete Prinzipien komparabel. Nach dem Kollisionsgesetz[425] ist die Verwirklichung der Prinzipien in konkreten Situationen rational.

---

[422] *Alexy*, The Reasonableness of Law, S. 11.
[423] *Alexy*, Theorie der Grundrechte, S. 79.
[424] *Alexy*, Constitutional Rights, Balancing, and Rationality, S. 137.
[425] Zur Kollisionsgesetz und Gewichtsformel, s. etwa. *Alexy*, Theorie der Grundrechte, S. 79 ff.; *ders.*, Die Gewichtsformel, S. 777 ff.; *ders.*, On Balancing and Subsumption. A Structural Comparison, S. 436 ff.

4.2.2 Subjektive Rechtsanwendung und Richtigkeit

4.2.2.1 Der Richtigkeitsanspruch und die subjektive Anwendung

Der mit gerichtlichen Entscheidungen erhobene Anspruch auf Richtigkeit enthält zwei Aspekte, den Anspruch auf Gesetzmäßigkeit und den Anspruch auf Vernünftigkeit. Der erste „bezieht sich darauf, dass die Entscheidung richtig begründet ist, wenn man vom geltenden Recht ausgeht, ganz gleich, wie es beschaffen ist“[426]. Der zweite besteht darin, „dass das geltende Recht vernünftig oder gerecht ist“[427]. Entsprechend umfasst der Richtigkeitsanspruch die Ebene der moralischen und rechtlichen Richtigkeit. Dagegen steht der Einwand, dass nicht jeder Teilnehmer des juristischen Diskurses notwendig einen Anspruch auf Richtigkeit erhebt. Anders als die rechtliche Pflicht ist nach Günther das Erheben des Richtigkeitsanspruchs, der eine moralische Ebene enthält, „up to everybody's own conscience“[428]. Habermas behauptet, dass die „spezifischen Einschränkungen, unter denen das forensische Handeln der Parteien vor Gericht steht, sie scheinen es nicht zu erlauben, das Prozeßgeschehen überhaupt am Maßstab des rationalen Diskurses zu messen“.[429] Alle Prozessbeteiligten seien immer von ihren Motiven, aber nicht von der Wahrheitssuche geleitet. Wegen der Existenz des Freiraums der Normenanwendung oder des subjektiven Handlungsbereichs lehnen viele Kritiker[430] des notwendigen Erhebens des Richtigkeitsanspruchs von Prozessparteien die Sonderfallthese ab

Die Subjekte des Richtigkeitsanspruchs sind keine abstrakten, sondern individuelle Personen, die im Rechtssystem Normen anwenden. Im gerichtlichen Verfahren

---

[426] *Alexy*, Nachwort, S. 432.
[427] *Alexy*, Nachwort, S. 433.
[428] *Günther*, Critical Remarks on Robert Alexy's "Special-Case Thesis", S.153.
[429] *Habermas*, Faktizität und Geltung, S. 283.
[430] Wie etwa *Habermas*, Theorie der Gesellschaft oder Sozialtechnologie? Eine Auseinandersetzung mit Niklas Luhmann, S. 200 f.; *Neumann*, juristische Argumentationslehre, S. 85; Kaufmann zufolge sind die Subjekte des Richtigkeitsanspruchs Personen, die nicht abstrakten aber individuellen Personen. (*Kaufmann*, Läßt sich die Hauptverhandlung in Strafsachen als rationaler Diskurs auffassen? S. 96 f.); *Krawietz*, Juridisch-Institutionelle Rationalität des Rechts versus Rationalität der Wissenschaften? Zur Konkurrenz divergierender Rationalitätskonzepte in der modernen Rechtstheorie, S. 438.

können Richter, Rechtswissenschaftler, Anwälte und Prozessparteien unterschieden werden. Richter sind institutionelle Subjekte, die die Verpflichtung haben, nach positivem Recht objektiv zu entscheiden. Mit der objektiven Entscheidung wird ein Richtigkeitsanspruch, der die moralischen und rechtlichen Ebenen enthält, notwendig erhoben. Als das Ergebnis des Gesetzgebungsdiskurses impliziert das positive Recht die moralischen Werte statisch. Die Richter stehen in der Verantwortung, den Anspruch auf Richtigkeit zu erheben. Anders als Richter haben die Subjekte der Normenanwendung ohne institutionelle Amtspflicht das Recht, die Normen subjektiv anzuwenden. Das Erheben des Richtigkeitsanspruchs durch nicht-institutionelle Subjekte, besonders durch Prozessparteien, ist am umstrittensten.

4.2.2.2 Subjektive Anwendung und Freiraum

Die juristische Argumentation ist gekennzeichnet durch die wie immer zu bestimmende Bindung an das geltende Recht.[431] Neben dem Spielraum der Richter haben die Subjekte ohne offizielle Verpflichtung im gerichtlichen Verfahren einen Freiraum, in dem sie subjektiv urteilen können. Wegen der Abwesenheit eines expliziten Verbots haben sie das Recht, nach ihrem subjektiven Willen das Recht anzuwenden. Das bedeutet aber nicht, dass die subjektive Anwendung der Rechtsnorm einer beliebigen Anwendung gleichgesetzt werden kann. Eine subjektive Anwendung der Rechtsnorm ist vielmehr eine auf Rationalität gegründete Auswahl. Als Teilnehmer des juristischen Diskurses sind die Rechtsanwender immer als rational vorausgesetzt. Rechtswissenschaftler sind vernunftstrebend. Sie nehmen die Amtspflicht der Richter aus eigenem Antrieb wahr. Rechtsanwälte und Prozessparteien sind hingegen die ökonomisch rationalen Subjekte. Obwohl sie interessengeleitet sind, nehmen sie im gerichtlichen Verfahren einen richterlichen Standpunkt ein, um ihren eigenen Nutzen

[431] *Alexy*, Theorie der juristischen Argumentation, S. 262.

zu maximieren. Damit wird von vernunftstrebenden, von wertrationalen oder von ökonomisch rationalen Subjekten ein Anspruch auf Richtigkeit im Recht erhoben.

4.2.3 Der Richtigkeitsanspruch als Transformator der Subjektivität in Objektivität

Aufgrund ihrer Rolle im Rechtssystem haben die Subjekte der Rechtsanwendung Rechte oder sie tragen die Verpflichtung, die Normen anzuwenden. Wenn Richter nach dem positiven Recht objektiv urteilen müssen, sollen die Rechtsanwender ohne offizielle Verantwortung objektiv entscheiden, trotzdem der rechtliche Freiraum ihnen die Möglichkeit zu subjektivem Handeln gewährt. Alle Subjekte, sowohl diejenigen, die das Recht zur subjektiven Anwendung der Rechtsnorm besitzen, als auch diejenigen, deren Amtspflicht sie zu einem objektiven Urteil verpflichtet, erheben notwendig einen Richtigkeitsanspruch. Aufgrund der Vernunft oder Rationalität der Rechtsanwender zielen die subjektive und objektive Anwendung der Rechtsnormen gleichermaßen auf eine notwendig objektive rechtliche Entscheidung. Der Richtigkeitsanspruch im juristischen Diskurs ist der Transformator der Subjektivität in Objektivität

4.3 Rekonstruktion der Theorie des Richtigkeitsanspruchs

Ob im juristischen Diskurs jedes Subjekt notwendigerweise einen Richtigkeitsanspruch erhebt, ist freilich eine umstrittene Frage. Nach Alexys Diskurstheorie ist das Argument des notwendigen Erhebens des Richtigkeitsanspruchs eine von drei Thesen zur Begründung der Sonderfallthese. Ein Anspruch auf Richtigkeit wird in juristischen Diskursen wie in allgemein praktischen Diskursen von allen Teilnehmern erhoben.[432] Gegen das Anspruchsargument werden zahlreiche Einwände vorgebracht. Von diesen Standpunkten her wird die essentielle Gemeinsamkeit zwischen dem juris-

[432] *Alexy*, Theorie der juristischen Argumentation, S. 263.

tischen Richtigkeitsanspruch und dem allgemeinen praktischen Richtigkeitsanspruch bezweifelt.

4.3.1 Begründung des Richtigkeitsanspruchs von Alexy

Alexy begründet die Notwendigkeit des Richtigkeitsanspruchs mit drei Argumenten: dem transzendentalen Argument, der Nutzenmaximierung und dem Interesse an Richtigkeit. Als „transzendental“ bezeichnet Kant die Bedingungen der Möglichkeit. Von einem transzendentalen Argument spricht man demgemäß bei jeder Analyse notwendiger Voraussetzungen.[433] Alexy bezeichnet das transzendentale Argument als ein dreiteiliges Argument mit zwei Prämissen und einer Konklusion. Die erste Prämisse ist, dass die Behauptung als Sprechakt in irgendeinem für das transzendentale Argument relevanten Sinne notwendig ist.[434]

Die zweite Prämisse ist, dass wenn der Sprechakt der Behauptung möglich sein soll, die folgenden Regeln notwendig sind:

(1) Wer etwas behauptet, erhebt einen Anspruch auf Wahrheit oder Richtigkeit.[435]
(2) Der Anspruch auf Wahrheit oder Richtigkeit impliziert einen Anspruch auf Begründbarkeit.[436]
(3) Der Anspruch auf Begründbarkeit impliziert eine prima facie-Pflicht, das Behauptete auf Verlangen zu begründen.[437]
(4) Mit Begründungen werden, jedenfalls was das Begründen als solches anbelangt, die Ansprüche auf Gleichberechtigung, Zwanglosigkeit und Universalität erhoben.[438]

433 Zitat von *Tschentscher*, Prozedurale Theorien der Gerechtigkeit, S. 225.
434 *Alexy*, Diskurstheorie und Menschenrechte, S. 133, 139.
435 *Alexy*, Diskurstheorie und Menschenrechte, S. 135.
436 *Alexy*, Diskurstheorie und Menschenrechte, S. 136.
437 *Alexy*, Diskurstheorie und Menschenrechte, S. 137.
438 *Alexy*, Diskurstheorie und Menschenrechte, S. 138.

Die Konklusion ist schließlich, dass die Regeln des Sprechaktes der Behauptung notwendig gelten. „Das transzendentale Argument kann zwar denen, die ein Interesse an Richtigkeit haben, deutlich machen, welche Regeln sie zu befolgen haben.“[439] „Kein transzendentales Argument aber kann Interesse oder Motivationen erzeugen.“[440]

Durch das Beispiel einer Elite, die ausschließlich an der Ausbeutung einer unterworfenen Bevölkerung interessiert ist, verdeutlicht Alexy, dass es wegen der der Möglichkeit einer hinreichenden Anzahl von Personen mit einem Interesse an Richtigkeit für diese Elite bzw., die sie repräsentieren den Tyrannen, Diktatoren und Despoten, ein objektives Interesse an Richtigkeit gibt. Den Anspruch auf Richtigkeit nutzen sie, weil eine Legitimation billiger und langfristig sicherer als bloße Gewalt ist. „Damit führt die Maximierung des individuellen Nutzens, weil mit einem hinreichenden Interesse an Richtigkeit gerechnet werden muss, in die Argumentation und damit in den Bereich der Diskursregeln.“[441]

Alexys transzendentalpragmatisches Argument führt zu der These:

(5) Wer sein ganzes Leben lang keine Behauptung (im durch (1) - (3) definierten Sinne) aufstellt und keine Begründung (im durch (4) definierten Sinne) gibt, nimmt nicht an der allgemeinsten Lebensform des Menschen teil.[442]

Diese These kann in die folgende Form gebracht werden:

(5`) Die Personen, die an der allgemeinsten Lebensform des Menschen teilnehmen, müssen ihr ganzes Leben lang mindestens eine Behauptung aufstellen und eine Begründung geben.

---

439 *Alexy*, Diskurstheorie und Menschenrechte, S. 141.
440 *Alexy*, Diskurstheorie und Menschenrechte, S. 142.
441 *Alexy*, Diskurstheorie und Menschenrechte, S. 143.
442 *Alexy*, Diskurstheorie und Menschenrechte, S. 139.

Daraus kann weiter gefolgert werden:

(5``) Eine Person, die an der allgemeinsten Lebensform des Menschen teilnimmt, kann ihr ganzes Leben lang nur eine Behauptung aufstellen und nur eine Begründung geben.

Schließlich kommt man zu folgender Behauptung:

(5```) Die Personen, die an der allgemeinsten Lebensform des Menschen teilnehmen, müssen nicht jederzeit ihr ganzes Leben lang immer Behauptungen aufstellen und Begründungen geben.

Mit diesem Argument wird freilich nicht die Notwendigkeit, sondern nur die Möglichkeit des Richtigkeitsanspruchs dargestellt. **Keiner muss den Anspruch auf Richtigkeit jederzeit sein ganzes Leben lang erheben.** Es fragt sich deshalb, ob jeder im juristischen Diskurs immer einen Anspruch auf Richtigkeit erhebt, und aufgrund welchen Motivs. Es geht beim Richtigkeitsanspruch nicht nur um das Erheben aus Pflicht, sondern auch um das Erheben als pflichtmäßige Handlung.

4.3.2 Die Motivation oder der Impuls des Erhebens des Richtigkeitsanspruchs

Um die gestellte Frage zu beantworten, ist vor allem die Analyse der Subjekte des Richtigkeitsanspruchs erforderlich. Wie bereits oben erwähnt sind die Subjekte Richter, Rechtsanwälte, Prozessparteien und Rechtswissenschaftler. Als Träger der Staatsgewalt sind Richter institutionelle Subjekte. Sie übernehmen die Amtspflicht, den Anspruch auf Richtigkeit zu erheben. Umgekehrt bedeutet das Erheben des Richtigkeitsanspruchs durch Rechtsanwälte und Prozessparteien, bzw. durch die privaten Subjekte, keine Pflicht, sondern ein Recht. In gewissem Maße ist dieses Erheben eine Aktivität auf Basis des subjektiven Willens der privaten Subjekte. Nach dem Prinzip der Autonomie, die sich weiter in positive und negative Autonomie einteilen lässt, haben die privaten Subjekte die Freiheit, den Anspruch zu erheben oder nicht. Gegenüber dem Spielraum der Richter haben die privaten Subjekte einen Freiraum. Außerdem haben die Rechtswissenschaftler (juristische Professoren) eine Zwischenstellung. Ihre Rolle als Wissenschaftler ermöglicht es, an Wissenschaft und Wahrheit zu glauben. Sie streben nach etwas Gutem oder Wahrem aus Pflicht. Sie sind daher die quasi-institutionellen Subjekte. Wegen der verschieden Rollen der Subjekte sind die Triebfeder des Erhebens von Bedeutung.

Jede Handlung impliziert zwingend einen aus Motiven und Folgen bestehenden Prozess. Kant unterscheidet im ersten Abschnitt der „Grundlegung zur Metaphysik der Sitten" zwei Arten von Handlungen. Es gibt sowohl aus Pflicht vollgezogene Handlungen als auch bloß pflichtmäßige Handlungen. Letztere ist zwar rechtmäßig, aber nicht sittlich.[443] Obwohl hier hauptsächlich die Handlung von gerichtlicher Seite betrachtet wird, müssen auch die unterschiedlichen Handlungsmotive von verschieden Akteuren der realen Dimension analysiert werden, um die Untersuchung zu vervollständigen.

Der vollkommene Mensch als Vernunftwesen, das der Gegenstand eigenen vernünftigen Wollens und moralischen Sollens ist,[444] strebt aus Pflicht nach dem Guten. Als ideale Subjekte haben die Menschen eine allgemeine moralische (ethische) Pflicht, die Wahrheit oder Richtigkeit anzustreben. Dagegen sind die hier beobachteten realen Subjekte des juristischen Diskurses Sinnenwesen.[445] Sie streben aus verschiedenen Motivationen heraus nach der Wahrheit oder Richtigkeit. In der realen Dimension lassen die Motivationen oder Impulse des Erhebens des Richtigkeitsanspruchs sich in

---

[443] *Rawls*, Lectures on the History of Moral Philosophy, S. 177.
[444] *Dreier*, Zur Einheit der praktischen Philosophie Kants, S. 298.
[445] Sinnenwesen können auch als „Naturwesen" genannt werden. Nach Kant soll der eigentliche Kern des Menschen das Vernunftwesen sein. Das „Naturwesen [ist] eigentlich nur die Art und Weise, in der das Vernunftwesen sich selbst erscheint." *Patzig*, Die Begründbarkeit moralischer Forderungen, S. 68.

drei Kategorien einteilen: i) aus Pflicht, ii) pflichtmäßig, und zwar innere Pflicht oder äußere Pflicht (Vernunft) und iii) die Nutzenmaximierung.

Richter als institutionelle Subjekte nehmen am juristischen Diskurs als Repräsentanten des Rechts teil, um die Rechtsordnung aufrechtzuerhalten. Ihre Amtspflicht des Erhebens des Richtigkeitsanspruchs entspringt dem institutionellen Zwang. Außerdem ist die Verletzung dieser Amtspflicht den Richtern sanktioniertbar. „Damit steht die richterliche Entscheidung kraft positiven Rechts unter dem Anspruch auf Richtigkeit."[446] Als Subjekte mit Institutionsvernunft ist das Attribut der Richter daher „**Rechtsnormen gemäß**"

Davon abgesehen unterscheiden sich Rechtsanwälte und Prozessparteien als private Subjekte deutlich. Rechtsanwälte sind Personen, die eine rechtliche Ausbildung erfahren haben und einen rechtlichen Beruf ausüben. Prozessparteien sind hingegen Laien. Der gerichtliche Prozess ist ein Verfahren mit hohen fachlichen Anforderungen an die Beteiligten. Daher müssen die Parteien ihre Klageforderungen mithilfe der Rechtsanwälte geltend machen. Darüber hinaus gelten die Rechtsanwälte vor dem Gericht nicht als selbständige Individuen. Sie sind nur Vertreter der Parteien und ihre Aufgabe ist es, dem Auftraggeber mit rechtsstaatlichen Mitteln zu seinem Recht zu verhelfen. Daher sind Rechtsanwälte und Prozessparteien artverwandt. Sie stellen zwei Seiten ein und derselben Art von Subjekten dar.

Als zweckrationale Subjekte streben Rechtsanwälte und Prozessparteien nach dem Interesse, aber nicht nach der reinen Vernunft. Angetrieben von ihrem Wunsch nach Nutzenmaximierung und ihren Interessen nehmen die privaten Subjekte am juristischen Diskurs teil, wobei durch die Rationalität negativer Freiheit in positive Freiheit, und Recht in Pflicht umgewandelt wird, und sie somit in den Regulierungsbereich des Rechts mit einbezogen werden. Das Interesse ist eine der Motivationen, aufgrund der die privaten Subjekte am juristischen Diskurs teilnehmen. Nur wenn sie den Diskursregeln und Rechtsnormen entsprechend am juristischen Diskurs teilneh-

---

[446] *Alexy*, Theorie der juristischen Argumentation, S. 265 f.

men und den Standpunkt der Richter einnehmen, können die privaten Subjekte ihr Interesse optimal realisieren und den individuellen Nutzen maximieren. Wegen ihres Interesses an Richtigkeit erheben die privaten Subjekte unter dem Gesichtspunkt der Konsequenzen einen **Als-ob-Anspruch auf Richtigkeit**.[447] Sie sind zweckrationale Subjekte und ihr Charakteristikum ist „**Kosten-Nutzen-Kalkül**".

Rechtswissenschaftler sind Wissenschaftler. In der Regel handelt es sich um Jura-Professoren. Im Vergleich zu den anderen Subjekten nehmen Rechtswissenschaftler einen Zwischenstatus ein. Sie sind weder institutionell, obwohl ihre Theorien das Urteil des Gerichts tatsächlich beeinflussen können, noch privat, weil sie anstatt einer rechtlichen Pflicht einer inneren Pflicht des Erhebens eines Richtigkeitsanspruches folgen. Deshalb können die Rechtswissenschaftler als quasi-institutionelle Subjekte bezeichnet werden. Sie üben die Wissenschaft als Beruf aus, sie glauben an die Wissenschaft und setzen sich das Streben der Wahrheit zum Ziel. Als wertrationale Subjekte des juristischen Diskurses werden die Rechtswissenschaftler durch ihren „**Glauben an die Wissenschaft**" charakterisiert.

4.3.3 Drei grundlegende Dimensionen des Erhebens des Richtigkeitsanspruchs

Aufgrund verschiedener Motivationen von Subjekten des juristischen Diskurses werden bei der Anspruchsthese drei Dimensionen des Erhebens vom Richtigkeitsanspruch unterschieden:

(i) Das Richtigkeitsanspruchserheben als **äußeres Gebot**:

Es ist der „Rechtsnorm gemäß" geboten, dass die Richter einen Anspruch auf Richtigkeit erheben.

[447] „The moral worth of actions depends on the principles of volition from which they are done, and not on the purpose – the aims, states of affairs, or ends – the desires for which move us to do the actions." *Rawls*, Lectures on the History of Moral Philosophy, S. 177.

(ii) Das Richtigkeitsanspruchserheben als **inneres Gebot**:

Es ist aufgrund des „Glaubens an die Wissenschaft" geboten, dass die Rechtswissenschaftler einen Anspruch auf Richtigkeit erheben.

(iii) Das Richtigkeitsanspruchserheben als **Gewolltes**:

Es ist aufgrund des „Kosten-Nutzen-Kalküls" gewollt, dass die Rechtsanwälte und Prozessparteien einen Anspruch auf Richtigkeit erheben.

Aus dem institutionellen Zwang heraus streben Richter nach rechtlicher Richtigkeit. Demensprechend erfüllen Rechtswissenschaftler die rechtliche Pflicht aus Pflicht. Außerdem sind Rechtsanwälte und Prozessparteien zweckrational. Sie nehmen diese Pflicht wahr, um ihren Nutzen zu maximieren. Alle Subjekte des juristischen Diskurses, die vernünftig oder rational sind, erheben notwendig einen Anspruch auf Richtigkeit.

4.4 Zur Verteidigung der Sonderfallthese

Eine der zentralen Fragen der juristischen Diskurstheorie ist der Unterschied zwischen dem juristischen Diskurs und dem allgemeinen praktischen Diskurs. Ein juristischer Diskurs ist „durch die wie immer zu bestimmende Bindung an das geltende Recht"[448] gekennzeichnet. Er ist ein Sonderfall des allgemeinen praktischen Diskurses.[449]

[448] *Alexy*, Theorie der juristischen Argumentation, S. 262.
[449] *Alexy*, Theorie der juristischen Argumentation, S. 32.

Alexy begründet die Sonderfallthese mit drei Thesen: dass es (1) in juristischen Diskussionen um praktische Fragen gehe[450]; dass (2) diese Fragen mit dem Anspruch auf Richtigkeit diskutiert würden[451] und dass (3) die juristische Diskussion unter den spezifisch juristischen Einschränkungen des positiven Rechts, der Rechtsdogmatik und der Präjudize stattfinde.[452] Die ersten beiden Thesen unterstützen die notwendige Bindung zwischen Recht und Moral. Die dritte These grenzt diese Bindung im Rahmen des Rechts ein. Die meisten Angriffe auf die Sonderfallthese drehen sich um die Kontroverse über den Richtigkeitsanspruch. Mit der Rekonstruktion der Theorie des Richtigkeitsanspruchs können die Einwände entkräftet und somit die Sonderfallthese verteidigt werden.

4.4.1 Einwände

Der stärkste Einwand dagegen, dass der juristische Diskurs ein Diskurs ist, bzw. dass auch im juristischen Diskurs notwendigerweise ein Richtigkeitsanspruch erhoben wird, ist der Einwand, dass der juristische Diskurs kein Diskurs sondern eine strategische Handlung sei. Die am Prozess Beteiligten seien nicht zur kooperativen Wahrheitssuche verpflichtet und verfolgten nur das Ziel einer für sie jeweils günstigen Entscheidung eines Streitfalls. Der Richtigkeitsanspruch ist im gerichtlichen Verfahren nur ein Mittel, um das Interesse der Beteiligten zu verwirklichen. Deshalb erheben die Prozessparteien keinen Anspruch auf Richtigkeit. Darüber hinaus seien Richter sogar „institutionell gehalten, das Ziel der Wahrheitsfindung der Notwendigkeit, zu terminierten Entscheidungen zu gelangen, …, unterzuordnen.“[453] Mit dieser Darstellung deutet Habermas die Möglichkeit an, dass Richter wegen des Zeitdrucks keinen Richtigkeitsanspruch erheben. Damit hat das gerichtliche Verfahren keinen diskursiven Charakter, wie etwa der allgemeine praktische Diskurs. Es handelt sich nur um

---

450 *Alexy*, Theorie der juristischen Argumentation, S. 263.
451 *Alexy*, Theorie der juristischen Argumentation, S. 263.
452 *Alexy*, Theorie der juristischen Argumentation, S. 263, 34.
453 *Habermas*, Theorie der Gesellschaft oder Sozialtechnologie? Eine Auseinandersetzung mit Niklas Luhmann, S. 201.

eine „notwendige Bedingung erfolgreichen strategischen Handelns“.[454] Mit Bezug auf Habermas’ Auffassung trägt Neumann auch vor, dass die Prozesssituation durch „Parteiinteressen“ geprägt wird.[455] Weiterhin greift er den Rückgriff auf die Richterperspektive an.

Nach Habermas kommt es in einem Prozess darauf an, wie sich diese Argumente aus der Richterperspektive darstellen. Der Kritik am Diskursmodell des Gerichtsverfahrens „lässt sich plausibel entgegenhalten, dass alle Prozeßbeteiligten, von welchen Motiven sie auch immer geleitet sind, Beiträge zu einem Diskurs liefern, der *aus der Perspektive des Richters* der unparteilichen Urteilsfindung dient. Allein diese Perspektive ist aber für die Entscheidungsbegründung konstitutiv.“ [456] Dagegen wendet Neumann ein, dass die Konzentration „auf die Perspektive des Richters […] einem monologischen Modell der Entscheidungsfindung [entspricht]“,[457] weil es immer wesentliche Divergenzen zwischen der Perspektive der Parteien und der des Richters gibt. Die Richterperspektive verletzt die unabhängige Teilnehmerschaft der Parteien, somit werden die Parteien vom Richter vielmehr als externe Informanten gesehen. In dieser Situation erarbeiten Richter allein ihre Entscheidungen, die Parteien werden eher als Informanten gesehen. Dies führt zum monologischen, aber nicht zum dialogischen Modell der richterlichen Entscheidungsfindung.[458]

Dieser Kritik hält Alexy entgegen, dass sie die Komplexität der Rechtsanwendung unterschätze. Im gerichtlichen Prozess müssten noch andere rechtliche Verfahren und Institutionen in Betracht gezogen werden. „If the court wants to decide correctly, it has to hear all the arguments, which is nothing other than the old *audiatur et altera pars*, and if the correctness of its decision shall be subjected to control, the court must justify its judgment before the participants and the general and the legal public. By this, it is connected with discourses before higher courts, in the legal pro-

---

454 *Neumann*, Juristische Argumentationslehre, S. 85.
455 *Neumann*, Juristische Argumentationslehre, S. 85.
456 Vgl. *Habermas*, Faktizität und Geltung, S.283; *Alexy*, Nachwort: Antwort auf einige Kritiker.
457 *Neumann*, Zur Interpretation des forensischen Diskurses in der Rechtsphilosophie von Jürgen Habermas, S. 417 f.
458 *Neumann*, Zur Interpretation des forensischen Diskurses in der Rechtsphilosophie von Jürgen Habermas, S. 417 ff.

fession, and among the public. All this is, taken together, enough to interpret courtroom proceedings in terms of discourse theory.“[459]

In der Fortsetzung der Kontroverse macht Engländer geltend, dass Alexy mit diesem Argument die Kritik an seinem Diskursmodell nicht entkräften kann. „Entscheidend für diese Kritik ist, dass die Prozessparteien als die von dem richterlichen Urteil Betroffenen während des Gerichtsverfahrens keine gleichberechtigten Diskursteilnehmer sind.“[460] Der monologische Charakter der prozessualen Entscheidungsfindung wird nicht dadurch verändert, dass die von Richter getroffene Entscheidung später in der Öffentlichkeit diskutiert oder vor anderen Gerichten überprüft wird. Damit sei Alexys Behauptung unzutreffend. [461]

Auch Kaufmann bezweifelt den gleichberechtigten Status der Diskursteilnehmer. Wegen der asymmetrischen Rollenverteilung und der auf ein für sie vorteilhaftes Ergebnis zielenden Motivation des Angeklagten im Strafprozess geht Kaufmann davon aus, dass die Auseinandersetzung vor Gericht eine strategische Handlung ist.[462] Kaufmann greift das Erheben des Richtigkeitsanspruchs im juristischen Diskurs in zwei Aspekten an. Als erstes Gegenargument nennt er die asymmetrische Rollenverteilung. Im Gerichtsverfahren, ganz besonders im Strafprozess, befinde der Angeklagte sich in einer schwachen Position. Es fehlt in diesem Verfahren an einem herrschaftsfreien Austausch der Argumente. Die Richter, die Angeklagten und die Ankläger stünden nicht auf gleicher Stufe.[463] Damit habe der Prozess keinen diskursiven Charakter und der Anspruch auf Richtigkeit werde unmöglich erhoben. Als zweiten

---

459 *Alexy*, The Special Case Thesis, S. 377.

460 *Engländer*, Diskurs als Rechtsquelle ?, S. 147.

461 *Engländer*, Diskurs als Rechtsquelle ?, S. 147.

462 *Kaufmann*, Läßt sich die Hauptverhandlung in Strafsachen als rationaler Diskurs auffassen?, S. 15 ff.

463 *Kaufmann*, Läßt sich die Hauptverhandlung in Strafsachen als rationaler Diskurs auffassen?, S. 22 f. Kaufmann zitiert zahlreiche Autoren, die die Rolle der an Strafverfahren Beteiligten beschreiben, um ihr Argument zu begründen: Einen „herrschaftsfreien Dialog“, „kann es in der Hauptverhandlung, die mit dem Vorwurf der Anklage (hinter der bzw. hinter deren Vertreter – dem ‚öffentlichen Ankläger‘ – die staatliche Macht steht) beginnt und in der der Richter vom Angeklagten Verantwortung fordert, nicht geben. Die beiden Seiten der Interaktion stehen niemals auf der gleichen Stufe. […]. Der Angeklagte kann überrumpelt oder überredet werden, er ist vielleicht nicht in der Lage, sich in den Kommunikationsprozeß so einzubringen, wie es erforderlich wäre, usw. “(*Wolfgang Schild*, Der Strafrichter in der Hauptverhandlung, 1983, S.75. Zitat von *Kaufmann*, S.22.) Der deutsche Richter „ist autoritär, […], schüchtert durch Drohung mit Ordnungsstrafen und Stilanforderungen (Kleidung, Anrede, Körperhaltung) den vorweg definierten Angeklagten ein, […], er setzt andere ins Unrecht, ohne sie kommunikativ zu überzeugen, er macht Metakommunikation und Intersubjektivität unmöglich, da er seine Meinung nie in Frage stellen lässt“. (*Hubert Rottleuthner*, Rechtswissenschaft als Sozialwissenschaft, 1973, S. 136 ff. Zitat von *Kaufmann*, S. 22.)

Aspekt zeigt Kaufmann auf, dass, selbst wenn der Angeklagte einen Anspruch auf „Richtigkeit“ erheben könnte, der Anspruch nicht wirklich „richtig“ sei, weil seine Argumentation mehr vom Interesse am günstigen Ausgang des Verfahrens als von der Intention kooperativer Wahrheitssuche geprägt ist. Er kann doch ungestraft von der Wahrheit abweichen. In der Tat braucht er nichts zur Wahrheitsfindung beizutragen. „Und auch die Notwendigkeit, das Urteil in möglichst kurzer Zeit zu sprechen, ist einer diskursiven Wahrheitsfindung sicher nicht sehr förderlich.“[464]

4.4.2 Rechtfertigung des Richtigkeitsanspruchs durch die Subjektivität

Die Kritik am Richtigkeitsanspruch kann mit der These der Subjektivität entkräftet werden. Mit dem Argument der strategischen Handlung leugnet Habermas vor allem die Möglichkeit, dass die Prozessparteien einen Richtigkeitsanspruch erheben. Dieser Zweifel kann durch die Motivationen der Parteien leicht beseitigt werden. Nur wenn die Prozessparteien nach Diskursregeln und Rechtsnormen am juristischen Diskurs teilnehmen und die Denkweise der Richter nachahmen, bzw. wie Richter einen Richtigkeitsanspruch erheben, können sie ihre Interessen optimal realisieren und den individuellen Nutzen maximieren. Bei den Prozessparteien führt die Perspektive des Richters wahrscheinlich zum besten Ergebnis. Gegen die Implikation von Habermas, dass die Richter möglicherweise auch keinen Richtigkeitsanspruch erheben, kann eingewendet werden, dass es in der juristischen Argumentation nicht stets genau eine richtige Antwort gibt.[465] Wegen des Zeitdrucks ist es möglich, dass der im realen juristischen Diskurs erreichte Konsens nicht das dem idealen Ergebnis des idealen Diskurses nächste Ergebnis ist. Ebenso entspricht der von den Richtern erhobene Anspruch möglicherweise nicht der Wahrheit. Aber er ist relativ richtig aufgrund des Maßstabs von Gesetzmäßigkeit und Vernünftigkeit in der Realität. Aus diesem Grund

---

[464] *Kaufmann*, Läßt sich die Hauptverhandlung in Strafsachen als rationaler Diskurs auffassen? S. 23.

[465] Dworkin ist der Vertreter dieser These. Vgl. *Dworkin*, Taking Rights Seriously, S. 81; *ders.*, No Right Answer ? S. 58 ff.

ist die Richtigkeit in der realen juristischen Praxis wegen des Zeitdrucks nur geschwächt, aber nicht unerreichbar.

Das Kernstück von Neumanns Einwand liegt darin, dass die Perspektive der Richter wegen der grundlegenden Divergenz zwischen der Perspektive der Prozessparteien und der Perspektive der Richter zu einem monologischen Modell der Entscheidungsfindung führt. Um diesem Einwand zu entgegnen, müssen zunächst die Elemente der Subjekte des juristischen Diskurses wiederholt werden. Sie lauten: (1) institutionelles Element; (2) fachliche Ausbildung als wissenschaftliches Element; (3) Interesse als rationales Element und (4) Vernunft als Integration aller Elemente. Richter, Rechtswissenschaftler, Rechtsanwälte und Prozessparteien spielen im juristischen Diskurs ihre jeweilige Rolle und in diesen Subjekten verkörpern sich verschiedene Elemente. Die institutionelle Amtspflicht wird hauptsächlich den Richtern auferlegt, die Wissenschaftlichkeit ist Charakteristikum der Rechtswissenschaftler, und das Interesse motiviert die Rechtsanwälte und Prozessparteien. Aber insgesamt sind diese Subjekte vernünftig (rational). Im juristischen Diskurs haben die Prozessparteien einen ganz anderen Standpunkt als die Richter. Die Annahme der Richterperspektive bedeutet, dass die Prozessparteien die Denkweise der Richter nachahmen. Wegen ihrer zweckrationalen Eigenschaft führt diese Imitation niemals zur Identität. Aus ökonomischen Gründen nehmen die Prozessparteien diese Perspektive ein, um ihr Interesse zu realisieren. Durch diese „Simulation“ teilen die Parteien nicht den Standpunkt der Richter. Es bleibt also festzuhalten, dass das Modell der richterlichen Entscheidungsfindung nicht monologisch, sondern dialogisch ist.

Durch zwei Aspekte, die asymmetrische Rollenverteilung und den unberechtigten Anspruch des Angeklagten, greift Kaufmann den Richtigkeitsanspruch an. Dabei vermischt er jedoch die normative Vorschrift mit der empirischen Tatsache. Es gibt Gesetze, Verordnungen und Regulierungen, die gebieten, dem Angeklagten in der Kommunikation des Strafverfahrens Gleichstellung zu garantieren, und sein Recht zu schützen. Kaufmanns Zweifeln gründet auf empirischen Tatsachen. Eine mögliche

Lösung wäre es, einen Rechtsanwalt zu nehmen. Mithilfe seiner Fachkenntnis kämpft der Rechtsanwalt für eine Gleichstellung des Angeklagten.

Der zweite Aspekt beruht auf einer Fehlannahme. Kaufmann stellt den Anspruch auf „Wahrheit", den die Richter und Staatsanwälte erheben, und den Anspruch auf „Richtigkeit", der vom Angeklagten erhoben wird, einander gegensätzlich gegenüber. Ihm zufolge nehmen die Beteiligten eines Gerichtsverfahrens Vernünftigkeit und Wahrheit für ihre Äußerungen in Anspruch, jedoch ist dies Teil ihrer Strategie. Das Interesse, dem der Angeklagte nachstrebt, ist Straflosigkeit. In diesem Zusammenhang übersieht Kaufmann, dass der Angeklagte ein rationaler Teilnehmer des Prozesses ist. Sein Streben ist nicht darauf gerichtet, die Strafe ganz zu erlassen, wenn dies nicht möglich ist. Der Rechtsanwalt realisiert stattdessen die Interessen des Mandanten so weit wie möglich. Im Strafverfahren besteht die Handlung des Angeklagten aus vier möglichen Teilen: (1) Motivation, (2) Verteidigung, (3) Betrug und (4) Strategie. Wegen des Widerspruchs mit dem Gesetz und den Diskursregeln kommt der Betrug nicht in Betracht. Die Motivation des Angeklagten besteht in einer Minimierung der Strafe und dem leichtesten Urteil. Um dieses Ziel zu erreichen, werden alle möglichen Mittel, sofern sie legal und funktionell sind, strategisch angewendet. Aus der Perspektive der Richter stellen die Angeklagten und ihre Rechtsanwälte Behauptungen auf, die rational und richtig sind.

Der Strafrichter und die Staatsanwälte erheben aufgrund ihrer institutionellen Amtspflicht notwendigerweise einen Richtigkeitsanspruch. Im Strafverfahren ahmen Angeklagte und Rechtsanwälte die Denkweise der Richter nach, um so weit wie möglich ihre Interessen zu realisieren und den individuellen Nutzen zu maximieren. Auf der Grundlage des „**Kosten-Nutzen-Kalküls**" erheben die Angeklagten und die Rechtsanwälte einen **Als-ob-Anspruch auf Richtigkeit**. Deshalb erscheint die Handlung der Angeklagten im Strafprozess zwar auch als eine strategische, aber tatsächlich und wesentlich als eine diskursive Handlung, da dabei ein Anspruch auf Richtigkeit im juristischen Diskurs notwendig erhoben wird.

4.4.3 Notwendigkeit und Möglichkeit des Richtigkeitsanspruchs

Der zentrale Streitpunkt der Sonderfallthese ist, ob ein Anspruch auf Richtigkeit notwendig erhoben wird. Dies ist auch ein Schlüssel zu der Frage, ob die juristische Diskussion für einen juristischen Diskurs gehalten werden kann. Es gibt ganz unterschiedliche Arten juristischer Diskussionen. Ihre Gemeinsamkeit ist, dass in allen Formen juristisch argumentiert wird.[466] Nur wenn ein Anspruch auf Überprüfung auf Wahrheit oder Richtigkeit in der juristischen Diskussion erhoben wird, kann sie als juristischer Diskurs bezeichnet werden.[467] Selbst die schärfsten Kritiker der Sonderfallthese sagen nicht, dass es unmöglich ist, einen Richtigkeitsanspruch in der juristischen Diskussion zu erheben, obwohl dies durch die Infragestellung des Begriffs der Richtigkeit nahegelegt werden kann. Allerdings impliziert ein Diskurs immer einen Richtigkeitsanspruch, wobei nicht alle Richtigkeitsansprüche nur im Diskurs erhoben werden. Mit monologischen Handlungen beispielsweise können Ansprüche auf Richtigkeit ebenso erhoben werden.

Der Richtigkeitsanspruch ist möglich. Obwohl die Menschen nur über eine beschränkte Erkenntnisfähigkeit und beschränkte Vermögen verfügen, was zu einer Diskrepanz zwischen der idealen Richtigkeit und der von den realen Subjekten erkannten Richtigkeit führt, kann diese Diskrepanz minimiert werden. Anders als die absolute Richtigkeit ist die Richtigkeit in der realen Dimension ein gradualer Begriff. Wenn sie einen bestimmten Grad erreicht, ist eine Antwort relativ richtig.

Die Notwendigkeit des Richtigkeitsanspruchs besteht darin, dass der Richtigkeitsanspruch für die vernünftige Lebensform des Menschen unerlässlich ist. Nicht nur im Recht, sondern auch mit Wert- und Verpflichtungsurteilen werden Ansprüche auf Richtigkeit erhoben. Ohne diesen Anspruch verfehlt die moralische Aussage ihren eigentlichen Sinn. Alexy stellt fest, dass „[d]er Verzicht auf den Anspruch auf Rich-

---

466 *Alexy*, Theorie der juristischen Argumentation, S. 262.

467 Die Definition des Diskurses nach Alexy ist, dass „Diskurse […]Handlungszusammenhänge [sind], in denen Aussagen auf ihre Wahrheit oder Richtigkeit hin überprüft werden." *Alexy*, Theorie der juristischen Argumentation, S. 224.

tigkeit [...] unsere Sprache und damit unser Selbstverständnis und Leben grundlegend verändern [würde]. Statt Urteilen und Behauptungen gäbe es nur noch Gefühle und Meinungen, Begründungen wandelten sich in Überredungen, und an die Stelle von Richtigkeit und Wahrheit träten erfolgreiche Manipulationen und festsitzende Überzeugungen. Alles wäre subjektiv, nichts objektiv."[468]

4.4.4 Verwickelte und konkurrierende Faktoren im juristischen Diskurs

Der juristische Diskurs ist nicht nur ein Diskurs, sondern auch eine juristische Praxis. Wegen seiner doppelten Eigenschaft beinhaltet er viele einander entgegengesetzte Faktoren. Er hat eine „Zwischenstellung"[469]. Es gibt vier Gruppen von verwickelten und konkurrierenden Faktoren im juristischen Diskurs: (1) Begründen und Entscheiden. Sie vereinigen sich im Zeitdruck; (2) Vernunft und Rationalität, die in Nutzenmaximierung zum Ausdruck kommen; (3) Richtigkeit und Interesse. Das Interesse ist eines der Motive der juristischen Diskursteilnehmer, nach Richtigkeit zu streben; (4) Freiheit und institutionelle Amtspflicht. Sie sind äußere Bedingungen des juristischen Diskurses. Mit dem Richtigkeitsanspruch harmonisieren sich alle diese Faktoren im juristischen Diskurs.

5 Zusammenfassung

Eines der wichtigsten Argumente, mit dem Alexy die Sonderfallthese begründet, ist, dass, genau wie im allgemeinen praktischen Diskurs, notwendigerweise ein Anspruch auf Richtigkeit erhoben wird. Die Besonderheit des rechtlichen Richtigkeitsanspruchs liegt darin, dass er mit juristischen Aussagen erhoben wird und dass er als behauptete, vorgeschlagene oder als Urteil verkündete normative Aussage nicht schlechthin vernünftig ist, sondern nur im Rahmen der geltenden Rechtsordnung ver-

---

468 *Alexy*, Recht und Richtigkeit, S. 11 f.
469 *Alexy*, Theorie der juristischen Argumentation, S. 271.

nünftig begründet werden kann.[470] Die Notwendigkeit des Richtigkeitsanspruchs ermöglicht es, die Subjektivität in der Rechtsanwendung in Objektivität umzuwandeln.

(1) Der Begriff des allgemeinen praktischen Diskurses besteht aus drei Elementen: den Subjekte, den Diskursregeln und dem Konsens. Das Element der Subjekte ist der Ursprung der Subjektivität in der Rechtsanwendung. Nach der Unterscheidung des idealen und realen Diskurses lassen sie sich in in allen Hinsichten ideale Subjekte und in keiner Hinsicht ideale reale Subjekte einteilen. Die Doppelnatur des Menschen spiegelt die Subjektivität und Objektivität im realen Diskurs wieder.

(2) Aufgrund der institutionellen Faktoren können die Teilnehmer des juristischen Diskurses in institutionelle, private und quasi-institutionelle Subjekte eingeteilt werden. Die Handlungsmotivationen der drei Subjekte sind ganz unterschiedlich. Damit wird der Begriff der Subjekte des juristischen Diskurses durch (a) die Amtspflicht als institutionelles Element, (b) die fachliche Ausbildung als wissenschaftliches Element, (c) das Interesse als rationales Element und (d) die Vernunft als Integration aller Elemente charakterisiert.

Institutionelle Subjekte sind die Richter. Sie nehmen am juristischen Diskurs als Repräsentanten des Rechts teil, um die Rechtsordnung aufrechtzuerhalten. Als eine äußere rechtliche Pflicht wird die institutionalisierte Vernunft durch vernünftige Gesetzgebung bestimmt. Richter streben aus rechtlicher Pflicht die Richtigkeit an. Rechtswissenschaftler sind quasi-institutionelle Subjekte. Ihre Rolle als Wissenschaftler lässt sie nach der Wahrheit oder Richtigkeit streben. Rechtsanwälte und die von ihnen vertretenen Prozessparteien sind private Subjekte. Aus Interesse betreiben sie die juristische Praxis, um den Nutzen zu maximieren. Alle Subjekte im juristischen Diskurs sind als rationale Teilnehmer vorausgesetzt.

---

[470] *Alexy*, Theorie der juristischen Argumentation, S. 264.

(3) In der juristischen Praxis koexistiert die Subjektivität mit der Objektivität. Der juristische Diskurs ist ein Verfahren, durch das die Subjektivität zur Objektivität transformiert werden kann. Der Angelpunkt besteht in dem Anspruch auf Richtigkeit. Der Richtigkeitsanspruch im juristischen Diskurs beinhaltet zwei Aspekte, den Gesetzmäßigkeitsaspekt und den Vernünftigkeitsaspekt. Gemäß der These, dass die rechtliche Richtigkeit ein Sonderfall der moralischen Richtigkeit ist, wird die moralische Gerechtigkeit mit der Legitimität verbunden.

Die Objektivität ist ein angestrebtes Ziel der juristischen Praxis. Die Anwendung der Normen besteht aus der Anwendung von Regeln und der Anwendung von Prinzipien. Durch Subsumtion und Abwägung sollen und können sie objektiv richtig angewandt werden, obwohl die Subjektivität in der Realität unvermeidlich ist. Wegen der Existenz des Freiraums können die Subjekte ohne offizielle Verpflichtung im gerichtlichen Verfahren subjektiv urteilen. Hier spielt der Richtigkeitsanspruch die Rolle als Transformator der Subjektivität in Objektivität.

(4) Die Kernfrage hinsichtlich der Begründung der Sonderfallthese ist, ob jeder Teilnehmer des juristischen Diskurses notwendig einen Richtigkeitsanspruch erhebt. Der juristische Diskurs wird sowohl durch das Gesetz, die Präjudizen und die Rechtsdogmatik eingeschränkt, als auch von realen Problemen beeinflusst, wie z.B. Regeln der Prozessordnungen, Zeitdruck, die durch Eigeninteresse gelenkte Motivation der Beteiligten oder die asymmetrische Rollenverteilung im Strafprozess.[471] Wegen der Bindung an das positive Recht wird die Notwendigkeit des Erhebens des Richtigkeitsanspruchs im juristischen Diskurs angegriffen.

Alexy begründet die Notwendigkeit des Richtigkeitsanspruchs zuerst mit dem transzendentalen Argument. Es lautet: Wer sein ganzes Leben lang keine Behauptung aufstellt und keine Begründung gibt, nimmt nicht an der allgemeinsten Lebensform

[471] *Alexy*, Theorie der juristischen Argumentation, S. 270.

des Menschen teil.[472] Bei diesem Argument wird nicht die Notwendigkeit, sondern nur die Möglichkeit des Richtigkeitsanspruchs verdeutlicht. Dabei ist fraglich, ob jeder im juristischen Diskurs immer einen Anspruch auf Richtigkeit erhebt und aus welcher Motivation heraus dies geschieht.

Unterschiedlich geartete Subjekte des juristischen Diskurses erheben den Richtigkeitsanspruch aus unterschiedlichen Motivationen.[473] Richter sind Repräsentanten der Rechtsordnung. Aus dem institutionellen Zwang heraus erheben sie den Anspruch auf Richtigkeit. Das Attribut der Richter ist **„Rechtsnormen gemäß"**. Rechtswissenschaftler sind Wissenschaftler. Sie glauben an die Wissenschaft und handeln aufgrund objektiver moralischer Normen. Für sie bedeutet das Erheben des Richtigkeitsanspruchs einen Erkenntnisprozess, der zur Wahrheit führt. Sie werden durch ihren **„Glauben an die Wissenschaft"** charakterisiert. Prozessparteien und ihre Vertreter, die Rechtsanwälte, handeln in der juristischen Praxis aufgrund ihres subjektiven Rechts. Nur wenn sie gemäß Diskursregeln und Rechtsnormen am juristischen Diskurs teilnehmen und die Denkweise der Richter nachahmen, können sie ihre Interessen optimal realisieren und den individuellen Nutzen maximieren.[474] Aus der Sicht des Ergebnisses erheben die privaten Subjekte einen **Als-ob-Anspruch auf Richtigkeit**. Ihr Charakteristikum ist der **„Kosten-Nutzen-Kalkül"**.

Das Erheben des Richtigkeitsanspruchs lässt sich damit in drei Dimensionen unterscheiden:

---

[472] *Alexy*, Diskurstheorie und Menschenrechte, S.139.

[473] Die oben erwähnten Impulse, „aus einer inneren Pflicht", „der äußeren Pflicht gemäß" und der „Kosten-Nutzen-Kalkül", können als Gründe der Handlung als einheitlich bezeichnet werden. Nach John Rawls gibt es drei Arten von Gründen: „Explanatory reasons", which "are part of an explanation of why someone acted as he did"; „Agents' reasons are the reasons that agents count as their reasons and that truthful and sincere agents would, when appropriate, acknowledge as their reasons", „Grounding reasons are of two kinds: reasons of rationality and justify reasons. Reasons of rationality are those that show a decision or an action to be rational, or sensible, as the case may be; while justifying reasons show a decision or an action to be reasonable, right, or just, or whatever is appropriate." Bei idealen Akteuren, die sowohl vernünftig, rational und klardenkend als auch aufrichtig und ehrlich sind, „the three kinds of reasons tend to coincide, or else to overlap, when the actions in question are fully intentional". *Rawls*, Lectures on the History of Moral Philosophy, S.166.

[474] Es bedeutet nicht, dass die privaten Subjekte nur ihrem Interesse folgen. Sie können auch den „Wunsch, sich richtig zu verhalten" haben, wie die quasi-institutionellen Subjekte. „In den meisten Fällen dürfte es der Wunsch sein, in einer bestimmten Situation das Richtige, Angemessene und Vernünftige zu tun." Vgl. *Patzig*, Philosophische Bemerkungen zum Begriff der Autonomie, S.182.

(i) Das Richtigkeitsanspruchserheben als **äußeres Gebot**:

Es ist der „Rechtsnorm gemäß“ geboten, dass die Richter einen Anspruch auf Richtigkeit erheben.

(ii) Das Richtigkeitsanspruchserheben als **inneres Gebot**:

Es ist aufgrund des „Glaubens an die Wissenschaft“ geboten, dass die Rechtswissenschaftler einen Anspruch auf Richtigkeit erheben.

(iii) Das Richtigkeitsanspruchserheben als **Gewolltes**:

Es ist aufgrund des „Kosten-Nutzen-Kalküls“ gewollt, dass die Rechtsanwälte und Prozessparteien einen Anspruch auf Richtigkeit erheben.

(5) Es ist nicht nur möglich, sondern auch notwendig, im juristischen Diskurs einen Richtigkeitsanspruch zu erheben. Es gibt viele unterschiedliche Arten juristischer Diskursionen und nicht alle juristischen Diskussionen sind juristische Diskurse. Mit der Analyse der verwickelten und konkurrierenden Faktoren in der juristischen Diskussion kann die Übereinstimmung der Subjekte des Erhebens des Richtigkeitsanspruchs und des juristischen Diskurses aufgedeckt werden. Dementsprechend ist der juristische Diskurs ein Sonderfall des allgemeinen praktischen Diskurses.

Schluss: Die Ergebnisse der Untersuchung

Die Antwort auf die Leitfrage der vorliegenden Arbeit: „Wie kann die Subjektivität zur Objektivität in der Rechtsanwendung transformiert werden“ lautet: mittels des Richtigkeitsanspruchs im Recht. In einer diskurstheoretischen Untersuchung der Rechtsanwendung wurde nicht nur die Subjektivität im Recht aufgedeckt, sondern auch die Notwendigkeit des Anspruchs auf Richtigkeit begründet, mit dem der Übergang von der Subjektivität zur Objektivität garantiert ist. Darüber hinaus konnten auch Alexys These der Doppelnatur des Rechts und damit seine Verbindungsthese anhand des Themas der Subjektivität verteidigt werden. Somit hat die Arbeit ihr Ziel erreicht.

Teil 1: Rechtsanwendung als Diskurs

(1) Der Mensch hat eine Doppelnatur. Als Rechtsanwender besitzt er gleichzeitig ideale und reale Eigenschaften, Vernunft und Sinnlichkeit, Moral und Glücksstreben. In der idealen Ebene der Rechtsanwendung stehen ideale Handlungssubjekte. Als Vernunftwesen streben sie nach moralischer Richtigkeit und Objektivität. Sie wollen und können das Recht objektiv anwenden. In der realen Ebene der Rechtsanwendung gibt es vernunftstrebende und glücksstrebende Subjekte. Die rationalen vernunftstrebenden Subjekte streben nach der Objektivität der Rechtsanwendung aus institutioneller oder moralischer Pflicht, während der *homo oeconomicus* auf die Nutzenmaximierung zielt. Für ihn ist das Erheben des Richtigkeitsanspruchs subjektiv nicht notwendig. Aufgrund des Freiraums im Recht können die realen Handlungssubjekte aus ökonomischer Rationalität oder moralischer Pflicht heraus die Rechtsnormen subjektiv oder objektiv anwenden.

(2) Normenanwendung und Normenbegründung. Ein Schwerpunkt der Rechtsanwendung liegt in der Frage, ob die Normenanwendung von der Normbegründung trennbar ist. Günther hat die These aufgestellt, dass ein fundamentaler Unterschied zwischen der Begründung und der Anwendung einer Norm besteht, während Alexy feststellt, dass die Normenanwendung die Normenbegründung notwendig impliziert. Die reale Rechtsanwendung enthält notwendigerweise subjektive Elemente. Ohne die Begründung ist eine objektive Anwendung unmöglich. Die Begründung der Normen ist daher im Anwendungsdiskurs nötig.

Teil 2: Rechtsanwendung im Positivismus

(3) Die Objektivität ist das Ziel der Rechtsanwendung. Aus der Perspektive des Rechtspositivismus ist sie besonders bedeutsam. Als Begründer der Reinen Rechtslehre bemüht Kelsen sich um eine von allen subjektiven Elementen gereinigte Rechtstheorie. Damit beobachtet er die juristische Praxis auf eine theoretische Weise. Aufgrund der neukantischen Unterscheidung zwischen Sein und Sollen begrenzt Kelsen die Rechtswissenschaft auf den Bereich des Sollens. Nicht die Handlung der Rechtsanwendung, sondern ihre Deutung ist Gegenstand der Rechtswissenschaft. In Kelsens theoretisches Rechtssystem ist die Anwendung der Rechtsnormen subjektlos. Das Recht ist objektiv, während die Interpretation durch ein Gericht eine Mischung aus Willensakt und Erkenntnis ist. Die Rechtsnorm macht einen Rahmen für den Richter. Dieser objektive Rahmen muss durch eine Willensfunktion ausgefüllt werden. In offene Spielräume ist der Rechtsanwender nicht durch das Recht gebunden. Es ist eine reine Subjektivität. Was die Rechtsanwendung betrifft, anstrebt Kelsen gar keine vollständige Objektivierung.

(4) Als Rechtspositivist vertritt Hart die Trennungsthese von Recht und Moral. Die Moral ist nichts anderes als der Ursprung der Subjektivität. Die Rechtsanwendung

ist Hart zufolge eine Regelanwendung. Die Rechtsnormen sind nur Regeln, die weiter in Primärregeln und Sekundärregeln unterschieden werden können. Mit Hilfe der Sekundärregeln, besonders der Anerkennungsregeln, werden die moralischen Elemente aus dem Recht beseitigt, damit ein positivistisches, objektives Regelsystem garantiert ist. Hart räumt aber auch ein, dass die Subjektivität der Regelanwendung wegen der Natur der Regeln nicht völlig eliminiert werden kann. Alle Rechtsregeln werden durch die Sprache ausgedrückt, deshalb gibt es die „open texture" des Rechts. Wenn keine entsprechende Regel existiert, entscheidet der Richter den Fall in seinem Ermessen nach „variable standards". Die positivistische objektive Regelanwendung mit rechtlichem Ermessen im Sinne Harts kann aber ebenso das Ziel der Objektivität nicht vollständig erreichen. Wegen der Starrheit des Regelsystems können einerseits nicht alle rechtlichen Konflikte gelöst werden. Anderseits ist aber die subjektive Rechtsanwendung innerhalb der „open texture" des Rechts durch richterliches Ermessen uneingeschränkt. Die Regeltheorie Harts ist unfähig, das Problem der Subjektivität und Objektivität in der Rechtsanwendung zu behandeln.

Teil 3: Rechtsanwendung im Nichtpositivismus

(5) Nichtpositivisten wie Positivisten stimmen darin überein, dass die Rechtsanwendung die Objektivität zum Ziel hat, und dabei die Hilfe der Prinzipien in Anspruch nimmt. Mit der Konzeption der konstruktiven Interpretation bildet Dworkin ein abgeschlossenes, vollkommenes Rechtssystem. Die subjektiv bewertende Handlung ist die Komponente der Interpretation. Durch eine konstruktive Interpretation werden moralische Werte in der rechtlichen Praxis eingegeben und die aus ihnen folgende Subjektivität kann vom Kriterium der besten Eignung (fit) geregelt werden. Um das Problem, wie die Subjektivität begrenzt und ein objektives Ergebnis erreicht werden kann, zu lösen, führt Dworkin den imaginären Richter Herkules ein. Herkules als eine Abstraktion und Idealisierung des Rechtsanwenders hat übermenschliche intel-

lektuelle Fähigkeiten und Geduld, das Recht als Integrität anzunehmen. Er kann nicht nur die einzige richtige Antwort in allen Fällen finden ohne zeitliche, körperliche oder intellektuelle Begrenzungen, sondern er ist auch vernünftig, moralisch und verwendet die Rechtsnorm stets objektiv. Hier verwechselt Dworkin aber das Ideal mit dem Faktum. Durch die Voraussetzung des superpersonalen Rechtsanwenders umgeht er die Subjektivität im Recht. Er ersetzt den realen Richter durch den idealen Richter Herkules, um die Subjektivität im Recht zu vermeiden. Mit der Rechtstheorie Dworkins ist das Problem der Subjektivität unlösbar.

(6) Die Diskurstheorie Alexys bietet eine Möglichkeit, die Subjektivität zur Objektivität zu transformieren. Alexy begreift den juristischen Diskurs als Sonderfall des allgemeinen praktischen Diskurses. Im juristischen Diskurs wird ein Anspruch auf Richtigkeit notwendig erhoben, der auch als ein Anspruch auf Objektivität in der Rechtsanwendung angesehen wird. Der juristische Diskurs lässt sich weiter in den idealen und realen Diskurs unterscheiden. Die ideale Ebene entspricht der Objektivität, während die reale Ebene mit der Subjektivität übereinstimmt. Das Problem der Existenz der subjektiven Anwendung der Rechtsnormen wird in der Diskurstheorie Alexys nicht unmittelbar behandelt. Mit dem Richtigkeitsanspruch wird aber der Übergang von der subjektiven zur objektiven Rechtsanwendung geschaffen, die Subjektivität wird also indirekt anerkannt. Allerdings erläutert Alexy diesen Übergang und die damit verbundenen Möglichkeiten nicht weiter.

Teil 4: Struktur und Modelle der Rechtsanwendung

(7) Der Begriff der Rechtsanwendung lautet, dass die Handlungssubjekte durch anerkannte juristische Methoden die Rechtsnormen anwenden, um Interessenkonflikte zu lösen und objektive Entscheidungen zu treffen. Die Definition der Rechtsanwendung beinhaltet drei Elemente: die Handlungssubjekte, die durch die Richter (die offi-

ziellen Subjekte), Prozessparteien und Rechtsanwälte (die privaten Subjekte) und Rechtswissenschaftler (die quasi-institutionellen Subjekte) verkörpert werden; die juristische Methoden der Abwägung und der Subsumtion; und das angestrebte Ziel, dass aus verschiedenen Motivationen heraus richtige oder objektive Entscheidungen zu treffen sind.

(8) Die Konzeption der Rechtsanwendung wird von drei Paaren von Anwendungsarten geprägt: das Idealität/Realität-Modell, das Regel/Prinzipien-Modell und das Subjektivität/Objektivität-Modell der Rechtsanwendung. Die Rechtsanwendung ist ein komplexes Modell, welches eine Kombination von diesen dreien ist. Die ideale Anwendung von Regeln und Prinzipien ist rein objektiv, während in der realen Ebene die Anwendung der Normen subjektiv oder objektiv sein kann. Die Rechtsanwendung hat sowohl eine subjektive Ebene als auch eine objektive Ebene.

Teil 5: Subjektivität und Objektivität im juristischen Diskurs

(9) Die Subjektivität ist Teil des Rechts. Der Schlüssel zur Begründung der Transformation von der Subjektivität zur Objektivität besteht in dem notwendig erhobenen Anspruch auf Richtigkeit. Die Handlungssubjekte des juristischen Diskurses erheben den Richtigkeitsanspruch notwendig, aber aus verschiedenen Motivationen. Richter sind institutionelle Subjekte. Sie erheben einen Anspruch auf Richtigkeit, weil sie der „**Rechtsnorm gemäß**“ handeln, während die Rechtswissenschaftler ihn aufgrund ihres „**Glaubens an die Wissenschaft**“ erheben. Darüber hinaus ist es aufgrund des „**Kosten-Nutzen-Kalküls**“ gewollt, dass die privaten Subjekte, bzw. die Prozessparteien und Rechtsanwälte, einen **Als-ob-Anspruch auf Richtigkeit** erheben. Mit dem notwendigen Richtigkeitsanspruch ist es möglich, die Subjektivität in der Rechtsanwendung in Objektivität umzuwandeln.

Anhang:

1. Die Doppelnatur des Menschen

<table>
<tr><td rowspan="2">Kant</td><td rowspan="2">Vernunftwesen</td><td colspan="3">Sinnenwesen</td></tr>
<tr><td colspan="2">Vernünftige Naturwesen</td><td>Sinnenwesen (zu einer der Tierarten gehörig)</td></tr>
<tr><td rowspan="5">Menschen in der Rechtsanwendung</td><td>Ideale Subjekte</td><td colspan="3">Reale Subjekte</td></tr>
<tr><td rowspan="4">erheben möglicherweise einen Anspruch auf Richtigkeit</td><td colspan="2">erheben notwendigerweise einen Anspruch auf Richtigkeit</td><td>erheben keinen Anspruch auf Richtigkeit</td></tr>
<tr><td rowspan="2">Vernunftstrebende Subjekte</td><td>a. Institutionelle rationale Subjekte</td><td rowspan="3">sind nicht Gegenstand der Rechtswissenschaft</td></tr>
<tr><td>b. wertrationale Subjekte</td></tr>
<tr><td>Glücksstrebende Subjekte</td><td>c. zweckrationale Subjekte</td></tr>
</table>

LITERATURVERZEICHNIS

Aarnio, Aulis: One Right Answer and the Majority Principle, in: Koch, Hans-Joachim/ U. Neumann (Hg.), Praktische Vernunft und Rechtsanwendung, ARSP Beiheft 53, Stuttgart 1994, S. 36-48.

Afonso da Silva, Luis Virgilio, Comparing the Incommensurable: Constitutional Principles, Balancing and Rational Decision, in: Oxford Journal of Legal Studies 31 (2011), S. 273-301.

Alexy, Robert: Argumentation, Argumentationstheorie, in: Ergänzbares Lexikon des Rechts 26-2/30 (1987), S. 1-3.

- Rechtsregeln und Rechtsprinzipien, in: N. MacCormick/S. Panou/L. L. Vallauri (Hg.), Geltungs- und Erkenntnisbedingungen im Modernen Rechtsdenken, ARSP Beiheft 25, Stuttgart 1985, S. 13-29.
- Juristische Begründung, System und Kohärenz, in O. Behrends/M. Dießelhorst/R. Dreier (Hg.), Rechtsdogmatik und praktische Vernunft. Symposion zum 80. Geburtstag von Franz Wieacker, Göttingen 1990, S. 95-107.
- Theorie der juristischen Argumentation, 2. Aufl. Frankfurt a.M. 1991.
- Nachwort. Antwort auf einige Kritiker, in: ders., Theorie der juristischen Argumentation, 2. Aufl. Frankfurt a.M. 1991, S. 399-435.
- Begriff und Geltung des Rechts, Freiburg/München 1992.
- Mauerschützen. Zum Verhältnis von Recht, Moral und Strafbarkeit, Hamburg 1993.
- Eine diskurstheoretische Konzeption der praktischen Vernunft, in: ders./R. Dreier (Hg.), Rechtssystem und praktische Vernunft, ARSP Beiheft 51, Stuttgart 1993, S. 11-29.
- Theorie der Grundrechte, 2. Aufl. Frankfurt a. M. 1994.

- Ota Weinbergers Kritik der diskurstheoretischen Deutung juristischer Rationalität, in: P. Koller/W. Krawietz/P. Strasser (Hg.), Institution und Recht, Rechtstheorie, Beiheft 14 (1994), S. 143-157.
- Die logische Analyse juristischer Entscheidungen, in: ders., Recht, Vernunft, Diskurs, Frankfurt a.M. 1995, S. 13-51.
- Normenbegründung und Normenanwendung, in: ders., Recht, Vernunft, Diskurs, Frankfurt a.M. 1995, S. 52-70.
- Die Idee einer prozeduralen Theorie der juristischen Argumentation, in: ders., Recht, Vernunft, Diskurs, Frankfurt a.M. 1995, S. 94-108.
- Probleme der Diskurstheorie, in: ders., Recht, Vernunft, Diskurs, Frankfurt a.M. 1995, S. 109-126.
- Diskurstheorie und Menschenrechte, in: ders., Recht, Vernunft, Diskurs, Frankfurt a.M. 1995, S. 127-164
- Jürgen Habermas' Theorie des juristischen Diskurses, in: ders., Recht, Vernunft, Diskurs, Frankfurt a.M. 1995, S. 165-176.
- Zum Begriff des Rechtsprinzips, in: ders., Recht, Vernunft, Diskurs, Frankfurt a.M. 1995, S. 177-212.
- Rechtssystem und praktische Vernunft, in: ders., Recht, Vernunft, Diskurs, Frankfurt a.M. 1995, S. 213-231.
- Law, Discourse and Time, in: J. Bjarup/M. Blegvad (Hg.) Time, Law and Society, ARSP Beiheft 64, Stuttgart 1995, S. 101-110.
- The Special Case Thesis, in: Ratio Juris 12 (1999), S. 374-384.
- A Defence of Radbruch's Formula, in: D. Dyzenhaus (Hg.), Recrafting the Rule of Law: The Limits of Legal Order, Oxford/Portland Oregon 1999, S. 15-39.
- My Philosophy of Law: The Institutionalisation of Reason, in: L. J. Wintgens (Hg.), The Law in Philosophical Perspectives. My Philosophy of Law, Dordrecht/Boston/London 1999, S. 23-45.

- Zur Struktur der Rechtsprinzipien, in: B. Schilcher/P. Koller/B.-C Funk (Hg.), Regeln, Prinzipien und Elemente im System des Rechts, Wien 2000, S. 31-52.
- Recht und Richtigkeit, in: W. Krawietz/R. S. Summers/O. Weinberger/G. H. v. Wright (Hg.), The Reasonable as Rational? On Legal Argumentation and Justification. Festschrift für Aulis Aarnio, Berlin 2000, S. 3-19.
- On the Thesis of a Necessary Connection between Law and Morality: Buygin´s Critique, in: Ratio Juris 13 (2000), S. 138-147.
- Die Abwägung in der Rechtsanwendung, in: Jahresbericht des Institutes für Rechtswissenschaft an der Meiji Gakuin Universität Tokio 17 (2001), S. 69-83.
- Hans Kelsens Begriff des relativen Apriori, in: R. Alexy/L. H. Meyer/S. L. Paulson/G. Sprenger (Hg.), Neukantianismus und Rechtsphilosophie, Baden-Baden 2002, S. 179-202.
- Die Gewichtsformel, in: J. Jickeli/P. Kreutz/D. Reuter (Hg.), Gedächtnisschrift für Jürgen Sonnenschein, Berlin 2003, S. 771-792.
- On Balancing and Subsumption. A structural Comparison, in: Ratio Juris 16 (2003), S. 433-449.
- Constitutional Rights, Balancing, and Rationality, in: Ratio Juris 16 (2003), S. 131-140.
- Abwägung, Verfassungsgerichtsbarkeit und Repräsentation, in: M. Becker/R. Zimmerling (Hg.), Politik und Recht. Politische Vierteljahresschrift, Sonderheft 36 (2006), S. 250-258.
- On the Concept and the Nature of Law, in: Ratio Juris 21 (2008), S. 281-299.
- The Reasonableness of Law, in: G. Bongiovanni/G. Sartor/C. Valentini (Hg.), Reasonableness and Law, Dordrecht/Heidelberg/London/New York 2009, S. 5-15.
- Hauptelemente einer Theorie der Doppelnatur des Rechts, in: ARSP 95 (2009), S. 151-166.
- The Dual Nature of Law, in: Ratio Juris 23 (2010), S. 167-182.

Alder, John, Incommensurable Values and Judicial Review: the Case of Local Government, in: Public Law (2001), S. 717-735.

Alexander, Larry/Kress, Ken, Against Legal Principles, in: Iowa Law Review 82 (1997), S. 739-786.

Apel, Karl-Otto, Diskursethik vor der Problematik von Recht und Politik: Können die Rationalitätsdifferenzen zwischen Moralität, Recht und Politik selbst noch durch die Diskursethik normativ-rational gerechtfertigt werden?, in: ders./M. Kettner (Hg.), Zur Anwendung der Diskursethik in Politik, Recht und Wissenschaft, Frankfurt a. M. 1992, S. 29-61.

- Auflösung der Diskursethik? Zur Architektonik der Diskursdifferenzierung in Habermas′ Faktizität und Geltung. Dritter, transzendentalpragmatisch orientierter Versuch, mit Habermas gegen Habermas zu denken, in: ders., Auseinandersetzungen in Erprobung des transzendentalpragmatischen Ansatzes, Frankfurt a. M. 1998, S. 727-840.

Bäcker, Carsten, Begründen und Entscheiden, Baden-Baden 2008.

Bittner, Claudia, Recht als interpretative Praxis. Zu Ronald Dworkins allgemeiner Theorie des Rechts, Berlin 1988.

Bix, Brian, Robert Alexy, Radbruch′s Formula, and The Nature of Legal Theory, in: Rechtstheorie 37 (2006), S. 139-149.

Chang, Ruth, Introduction, in: *ders.* (Hg.) Incommensurability, Incomparability, and Practical Reason, Cambridge/Massachusetts 1997, S. 1-34.

Chang, Ruth (Hg.), Incommensurability, Incomparability, and Practical Reason, Cambridge/Massachusetts 1997.

Coleman, Jules, Rules and Social Facts, in: Harvard Journal of Law and Public Policy 14 (1991), S. 703-725.

- Authority and Reason, in: Robert P. George (Hg.), The Autonomy of Law: Essays on Legal Positivism, Oxford 1996, S. 287-319.

Davidson, Donald, Problems of Rationality, Oxford 2004.

Donato, James, Dworkin and Subjectivity in Legal Interpretation, Stanford Law Review 40 (1988), S. 1517-1541.

Dreier, Ralf: Die rechtsphilosophische Dimension der Rechtswissenschaft in ihrer Auswirkung auf die Rechtsprechung, in: Th. Würtenberger (Hg.), Rechtsphilosophie und Rechtspraxis, Frankfurt a. M. 1971, S. 27-35.

- Zur Einheit der praktischen Philosophie Kants, in: ders., Recht-Moral-Ideologie. Studien zur Rechtstheorie, Frankfurt a. M. 1981, S. 286-315.
- Sein und Sollen. Bemerkungen zur Reinen Rechtslehre Kelsens, in: ders., Recht-Moral-Ideologie. Studien zur Rechtstheorie, Frankfurt a. M. 1981, S. 217-240.
- Recht-Moral-Ideologie. Studien zur Rechtstheorie, Frankfurt a. M. 1981.
- Zum Verhältnis von Rechtsphilosophie und Rechtstheorie, in: V. Schöneburg (Hg.), Philosophie des Rechts und das Recht der Philosophie, Festschrift für Hermann Klenner, Frankfurt a. M./Berlin 1992, S. 15-28.
- Von der Rechtsphilosophie zur Rechtstheorie und wieder zurück?, in: R. Grote (Hg.), Die Ordnung der Freiheit: Festschrift für Christian Starck zum siebzigsten Geburtstag, Tübingen 2007, S. 21-33.

Dworkin, Ronald: The Model of Rules, University of Chicago Law Review 35 (1967), S.14-46

- Hard Cases, Harvard Law Review 88 (1975), S. 1057 - 1109. Abgedruckt in: ders., Taking Rights Seriously, Cambridge/Massachusetts 1977, Kapitel 4.
- Taking Rights Seriously, Cambridge/Massachusetts 1977.
- No Right Answer?, in: P. M. S. Hacker/ J. Raz (Hg.), Law, Morality, and Society: Essays in Honour of H. L. A. Hart, Oxford 1977, S. 58-84.
- Law as Interpretation, in: Critical Inquiry 9 (1982), S. 179-200.
- "Natural" Law Revisited, Florida Law Review 34 (1982), S. 165-188.
- Bürgerrechte ernstgenommen, deutsche Übersetzung von Ursula Wolf, Frankfurt a. M, 1984.
- A Reply by Ronald Dworkin, in: Marshall Cohen (Hg.), Ronald Dworkin and Contemporary Jurisprudence, London 1984, S.247 -300.
- A Matter of Principle, Cambridge/Massachusetts1985.
- Law's Empire, London 1986.
- Pragmatism, Right Answers, and True Banality, in: M. Brint/W. Weaver (Hg.), Pragmatism in Law and Society, Oxford 1991, S. 359 - 388.
- Objectivity and Truth: You'd Better Believe it!, Online Veröffentlichung (1996) abgedruckt in Philosophy & Public Affairs 25 (1996), S. 87-139.
- Moral und Recht und die Probleme von Gleichheit und Freiheit. Interview, in: Herlinde Pauer-Studer (Hg.), Konstruktionen praktischer Vernunft, Frankfurt a. M. 2000, S. 153-182.
- Justice in Robes, Cambridge/Massachusetts 2006.

Dworkin, Ronald (Hg.), The Philosophy of Law, Oxford 1977.

Engländer, Armin: Zur begrifflichen Möglichkeit des Rechtspositivismus. Eine Kritik des Richtigkeitsarguments von Robert Alexy. Rechtstheorie 28 (1997), S. 437-485.

- Diskurs als Rechtsquelle, Tübingen 2002.

Finnis, John, Revolutions and Continuity of Law, in: A. W. B. Simpson (Hg.), Oxford Essays in Jurisprudence, 2 Aufl. Oxford 1973, S. 44-76

- Natural Law and Natural Rights, Oxford 1980.

Greenawalt, Kent, Law and Objectivity, Oxford 1992.

- Hart´s Rule of Recognition and the United States, in: Ratio Juris 1 (1988), S. 40-57.

Griffin, James, Well-Being: Its Meaning, Measurement and Importance, Oxford 1986.

Günther, Klaus: Der Sinn für Angemessenheit. Anwendungsdiskurse in Moral und Recht, Frankfurt a. M. 1988.

- Ein normativer Begriff der Kohärenz für eine Theorie der juristischen Argumentation, in: Rechtstheorie 20 (1989), S. 163-190.
- Critical Remarks on Robert Alexy's "Special-Case Thesis", in: Ratio Juris 6 (1993), S. 143-156.

Habermas, Jürgen: Theorie der Gesellschaft oder Sozialtechnologie? Eine Auseinandersetzung mit Niklas Luhmann, in: *J. Habermas* /*N.* Luhm*ann* (Hg.), Theorie der Gesellschaft oder Sozialtechnologie - Was leistet die Systemforschung?, Frankfurt a.M. 1971, S. 142-290.

- Zur Rekonstruktion des historischen Materialismus, Frankfurt a. M. 1976.

- Aspekte der Handlungsrationalität, in: ders., Vorstudien und Ergänzungen zur Theorie des kommunikativen Handelns, Frankfurt a. M. 1984, S. 441-472.
- Theorie des kommunikativen Handelns, Band I: Handlungsrationalität und gesellschaftliche Rationalisierung. Band II: Zur Kritik der funktionalistischen Vernunft, 3. Aufl. Frankfurt a. M. 1985.
- Handlungen, Sprechakte, sprachlich vermittelte Interaktionen und Lebenswelt, in: ders., Nachmetaphysisches Denken. Philosophische Aufsätze, 2. Aufl. Frankfurt a. M. 1988, S. 63-104.
- Erläuterungen zur Diskursethik, in: ders., Erläuterungen zur Diskursethik, Frankfurt a. M. 1991, S. 119-226.
- Faktizität und Geltung. Beiträge zur Diskurstheorie des Rechts und des demokratischen Rechtsstaats, 4. Aufl. Frankfurt a. M. 1994.
- Über den internen Zusammenhang von Rechtsstaat und Demokratie, in: ders., Die Einbeziehung des Anderen. Studien zur politischen Theorie, 3 Aufl. Frankfurt a. M. 1996, S. 293-305.
- Zur Legitimation durch Menschrechte, in: ders., Die postnationale Konstellation. Politische Essays, Frankfurt a. M. 1998, s. 170-192.
- Richtigkeit versus Wahrheit. Zum Sinn der Sollgeltung moralischer Urteile und Normen, in: ders., Wahrheit und Rechtfertigung. Philosophische Aufsätze, Frankfurt a. M. 1999, S. 271-318.

Hart, Herbert L., Commands and Authoritative Legal Reasons, in: ders., Essays on Bentham. Studies in Jurisprudence and Political Theory, Oxford 1982, S. 243-268.
- Essays in Jurisprudence and Philosophy, Oxford 1983.
- The Concept of Law. With a Postscript edited by Penelope A. Bulloch and J. Raz, 2 Aufl. Oxford 1994.
- Law in the Perspective of Philosophy: 1776-1976, in: New York University Law Review 51 (1976), S. 538-551.

Hruschka, Joachim, Die Würde des Menschen bei Kant, in: ARSP 88 (2002), S.463-480.

- Die Zurechnungslehre Kelsens im Vergleich mit der Zurechnungslehre Kants, in: S. L. Paulson / M. Stolleis (Hg.), Hans Kelsen. Staatsrechtslehrer und Rechtstheoretiker des 20. Jahrhunderts, Tübingen 2005, S. 2-16.

Heidemann, Carsten, Die Norm als Tatsache. Zur Normentheorie Hans Kelsens, Baden-Baden 1997.

- Hans Kelsens Theorie normativer Erkenntnis, in: A. Brockmöller/D. Buchwald/D. V. D. Pfordten/K. Tappe (Hg.), Ethische und Strukturelle Herausforderungen des Rechts, ARSP Beiheft 66, Stuttgart 1995, S. 140-151.
- Geltung und Sollen: Einige (neu-)kantische Elemente der Reinen Rechtslehre Hans Kelsens, in: R. Alexy/L. H. Meyer/S. L. Paulson/G. Sprenger (Hg.), Neukantianismus und Rechtsphilosophie, Baden-Baden 2002, S. 203-222.
- Law's Claim to Correctness, in: S. Coyle/G. Pavlakos (Hg.), Jurisprudence or Legal Science? A Debate about the Nature of Legal Theory, Portland 2005, S. 127-146.
- Zwei radikale Objektivierungsprogramme in der Rechtslehre Hans Kelsens, in: S. L. Paulson / M. Stolleis (Hg.), Hans Kelsen. Staatsrechtslehrer und Rechtstheoretiker des 20. Jahrhunderts, Tübingen 2005, S. 191-220.
- Noch einmal: Stanley L. Paulson und Kelsens urteilstheoretischer Normbegriff, in: ARSP 93 (2007), S. 345-362.

Hoerster, Norbert, Verteidigung des Rechtspositivismus, Frankfurt a. M. 1989.

Hommes, Hendrik J. van Eikema, The Development of Hans Kelsen´s Concept of Legal Norm, in: W. Krawietz/H. Schelsky (Hg.), Rechtssystem und gesellschaftliche Basis bei Hans Kelsen, Rechtstheorie Beiheft 5, Berlin 1984, S. 159-178.

Hunt, Alan (hg.), Reading Dworkin Critically, Oxford 1992.

Hsieh, Nien-He, Incommensurable Values, in: E. N. Zalta (Hg.), Stanford Encyclopedia of Philosophy, Stanford 2007.

Kant, Immanuel: Kritik der reinen Vernunft, Frankfurt a.M. 1974.
- Die Metaphysik der Sitten, in: Kant´s gesammelte Schriften, hrsg. v. der Königlich Preußischen Akademie der Wissenschaften, Band 6, Berlin 1907, S. 203-494.
- Grundlegung zur Metaphysik der Sitten, Frankfurt a.M. 1974.
- Kritik der reinen Vernunft, Frankfurt a.M. 1974.
- Kritik der praktischen Vernunft, Frankfurt a.M. 1977.
- Metaphysische Anfangsgründe der Tugendlehre, Frankfurt a.M. 1977.

Kaufmann, Arthur: läßt sich die Hauptverhandlung in Strafsachen als rationaler Diskurs auffassen?, in: Heike Jung/Heiz Müller-Dietz (Hg.), Dogmatik und Praxis des Strafverfahrens, Köln 1989, S.15-24.

Kelsen, Hans: Die Rechtswissenschaft als Norm- oder als Kulturwissenschaft, 1916, Neudruck in: H. Klecatsky/ R. Marcic/H. Schambeck (Hg.), Die Wiener rechtstheoretische Schule, Band 1, Wien 1968, 37-93.
- Zur Theorie der juristischen Fiktionen. Mit besonderer Berücksichtigung von Vaihingers Philosophie des Als ob, in: Annalen der Philosophie und philosophischen Kritik 1, Leipzig 1919, S. 630-658.
- Hauptprobleme der Staatsrechtslehre, 2 Aufl. Tübingen 1923.

- Allgemeine Staatslehre, Berlin 1925
- Der soziologische und der juristische Staatsbegriff , 2 Aufl. Tübingen 1928.
- Reine Rechtslehre, 1 Aufl. Wien 1934, Neudruck Tübingen 2008.
- General Theory of Law and State, Cambridge/Massachusetts 1945.
- Reine Rechtslehre, 2 Aufl. Wien 1960.
- Das Problem der Gerechtigkeit, in: *ders*. Reine Rechtslehre 2 Aufl. Wien 1960, S. 357-444.
- Allgemeine Theorie der Normen, aus dem Nachlaß hrsg. v. K. Ringhofer/R. Walter, Wien 1979.
- Die Rechtsordnung als hierarchisches System von Zwangsnormen (1977), in: N. Hoerster (Hg.), Recht und Moral. Texte zur Rechtsphilosophie, Stuttgart 1987, S. 20-42.
-
- Was ist die Reine Rechtslehre. Was ist die Reine Rechtslehre? In Demokratie und Rechtsstaat. Festgabe für Zaccaria Giacometti, 1953, S. 143-162, M12888
  In: hg. Von H. Klecatsky, R. Marcic, H. Schambeck, Die Wiener rechtstheorietische Schule (Wien 1953), S. 611-629.

Krawietz, Werner, Juridisch-Institutionelle Rationalität des Rechts versus Rationalität der Wissenschaften? Zur Konkurrenz divergierender Rationalitätskonzepte in der modernen Rechtstheorie, Rechtstheorie 15 (1984), S. 423-452.

Kress, Kenneth J., Legal Reasoning and Coherence Theories: Dworkin´s Rights Thesis, Retroactivity, and the Linear Order of Decisions, in: California Law Review 72 (1984), S. 369-402.

Larenz, Karl, Methodenlehre der Rechtswissenschaft, 2 Aufl. Berlin/Heidelberg/New York 1992.

Lawson, Gary, A Farewell to Principles, in: Iowa Law Review 82 (1997), S. 893-903.

Leiter, Brian, Explanation and Legal Theory, in: Iowa Law Review 82 (1997), S. 905-909.

Leiter, Brian (Hg.), Objectivity in Law and Morals, Cambridge 2001.

Neumann, Ulfrid, Juristische Argumentationslehre, Darmstadt, 1986.
- Zur Interpretation des forensischen Diskurses in der Rechtsphilosophie von Jürgen Habermas, Rechtstheorie 27 (1996), 415-426

MacCormick, Neil, H. L. A. Hart, London 1981.
- Natural Law and the Separation of Law and Morals, in: R. P. George (Hg.), Natural Law Theory: Contemporary Essays, Oxford 1992, S. 105-133.

Moore, Michael S., Review Essay: Metaphysics, Epistemology and Legal Theory. A Matter of Principle by Ronald Dworkin, in: Southern California Law Review 60 (1987), S. 453-506.
- Legal Principles Revisited, in: Iowa Law Review 82 (1997), S. 867-891.
- Objectivity in Ethics and Law, Aldershot 2004.

Patzig, Günther: Die Begründbarkeit moralischer Forderungen. in: ders., Gesammelte Schriften, Band I: Grundlagen der Ethik, Göttingen 1994, S. 44-71.
- Philosophische Bemerkungen zum Begriff der Autonomie. in: Gesammelte Schriften , Band I: Grundlagen der Ethik, Göttingen 1994, S. 174-189.

Paulson, Stanley L., An Empowerment Theory of Legal Norms, Ratio Juris 1 (1988), S. 58-72.

- Four Phases in Kelsen´s Legal Theory? Reflections on a Periodization, Oxford Journal of Legal Studies 18 (1998), S.153-166.
- Konstruktivismus, Methodendualismus und Zurechnung im Frühwerk Hans Kelsens, in: AöR 124 (1999), S. 631-657.
- The Weak Reading of Authority and Hans Kelsen´s Pure Theory of Law, in: Law and Philosophy 19 (2000), S.131-171.
- Hans Kelsen´s Doctrine of Imputation, in: Ratio Juris 14 (2001), S. 47-63.
- Faktum/Wert-Distinktion, Zwei-Welten-Lehre und immanenter Sinn. Hans Kelsen als Neukantianer, in: R. Alexy/L. H. Meyer/S. L. Paulson/G. Sprenger (Hg.), Neukantianismus und Rechtsphilosophie, Baden-Baden 2002, S. 223-251.
- The Normativismus Hans Kelsens, in: Juristenzeitung 61 (2006), S. 529-536.

Perry, Stephen R., Two Models of Legal Principles, in: Iowa Law Review 82 (1997), S. 787-819.

- Hart on Social Rules and The Foundations of Law: Liberating the Internal Point of View, in: Fordham Law Review 75 (2006), S. 1171-1209.

Peng-Hsiang, Wang, Kohärenz und Revision. Ein Vorschlag zur Lösung der Günther-Alexy-Kontroverse, in: G. Kreuzbauer/S. Augeneder (Hg.), Der juristische Streit, ARSP Beiheft 99, Stuttgart 2004, S. 75-84.

Pohlmann, Rosemarie, Zurechnung und Kausalität. Zum wissenschaftstheoretischen Standort der Reinen Rechtslehre von Hans Kelsen, in: W. Krawietz/H. Schelsky (Hg.), Rechtssystem und gesellschaftliche Basis bei Hans Kelsen, Rechtstheorie Beiheft 5, Berlin 1984, S. 83-112.

Putnam, Hilary, Ethics without Ontology, Cambridge/Massachusetts 2004.

- Realism and Reason, Cambridge 1983.

Rawls, John: Political Liberalism, New York 1993.

- Lectures on the History of Moral Philosophy.

Raz, Joseph: Legal Principles and the Limits of law, Yale law journal 81 (1972), S. 823-854.

- The Authority of Law. Essays on Law and Morality, Oxford 1979.
- The Morality of Freedom, Oxford 1986.
- Incommensurability and Agency, in: *R. Chang* (Hg.), Incommensurability, Incomparability, and Practical Reason, Cambridge/Massachusetts 1997, S. 110-128.
- The Purity of the Pure Theory, in: S. Paulson/Bonnie L. Paulson (Hg.), Normativity and Norms. Critical Perspectives on Kelsenian Themes, Oxford 1998, S. 237-252.

Renzikowski, Joachim, Der Begriff der „Zurechnung" in der Reinen Rechtslehre Hans Kelsens, in: R. Alexy/L. H. Meyer/S. L. Paulson/G. Sprenger (Hg.), Neukantianismus und Rechtsphilosophie, Baden-Baden 2002, S. 253-282.

Richardson, Henry S., Practical Reasoning about Final Ends, Cambridge 1994.

Schauer, Frederick, Prescriptions in Three Dimensions, in: Iowa Law Review 82 (1997), S. 911-920.

Schelly, Judith M., Interpretation in Law: The Dworkin-Fish Debate, in: California Law Review 73 (1985), S. 158-180.

Schilcher, Bernd/Koller, Peter/Funk, Bernd-Christian (Hg.), Regeln, Prinzipien und Elemente im System des Rechts, Wien 2000.

Shapiro, Scott J., On Hart´s Way Out, in: Legal Theory 4 (1998), S.469-507.

- What is the Internal Point of View, in: Fordham Law Review 75 (2006), S. 1157-1170.
- What is the Rule of Recognition (And Does It Exist)?, in: M. Adler/K. Himma (Hg.), The Rule of Recognition and the U. S. Constitution, Chapter 9, Oxford 2009.

Sieckmann, Jan-Reinard , Regelmodelle und Prinzipienmodelle des Rechtssystems, Baden-Baden 1990.

Somek, Alexander, Ermächtigung und Verpflichtung. Ein Versuch über Normativität bei Hans Kelsen, in: S. L. Paulson / M. Stolleis (Hg.), Hans Kelsen. Staatsrechtslehrer und Rechtstheoretiker des 20. Jahrhunderts, Tübingen 2005, S. 58-79.

- Staatenloses Recht: Kelsens Konzeption und ihre Grenzen, in: ARSP 61 (2005), s. 61-82.

Tschentscher, Axel, Prozedurale Theorien der Gerechtigkeit. Rationales Entscheiden, Diskursethik und prozedurales Recht, Baden-Baden 2000.

Waldron, Jeremy, The Need for Legal Principles, in: Iowa Law Review 82 (1997), S. 857-865.

Watkins-Bienz, Renée M., Die Hart-Dworkin Debatte. Ein Beitrag zu den internationalen Kontroversen der Gegenwart, Berlin 2004.

Wiggins, David, Incommensurability: Four Proposals, in: *R. Chang* (Hg.), Incommensurability, Incomparability, and Practical Reason, Cambridge/Massachusetts 1997, S.52-66.

Wittgenstein, Ludwig, Philosophischen Untersuchungen, 1953 Posthum

Wolcher, Louis E., Ronald Dworkin's Right Answers Thesis through the Lens of Wittgenstein, in: Rutgers Law Journal 29 (1997), S. 43-65.

Zhang, Yan, Volk, Autorität und Grundrechte. Eine diskurstheoretische Untersuchung, Baden-Baden 2010.

Sachregister

www.ingramcontent.com/pod-product-compliance
Ingram Content Group UK Ltd.
Pitfield, Milton Keynes, MK11 3LW, UK
UKHW021904290926
8980IPUK00015B/1049

9 783631 640067